방송 연출 기본기

PD 지망생과 입문자를 위한 현장 지침서

방송·기본기 연예룰

PD 지망생과 입문자를 위한 현장 지침서

세상 쉽고 성능 확실한
교양·예능 콘텐츠 연출법 & 방송 PD 진로코칭 정영택 지음

DIVECAST

작가의 변

2005년 방송일을 시작한 지 1년이 지나 처음 한 꼭지의 연출을 맡게 됐다. 촬영과 편집으로 밤을 새워도 여기저기서 까이는 건 둘째 치고, 한동안 내가 봐도 부끄러운 결과물을 쏟아냈다. 답답했다. '왜 재미가 없지? 현장에서 들이대야 했나? 정말 그런 작위적인 게 연출인 건가? 어떻게 만들어야 재밌어지지?' 연출이 뭔지 알고 싶었다. 정확히는 어떻게 연출해야 재밌어질지 알고 싶었다. 교보문고 같은 큰 서점에 가면 그런 책이 있겠지. 없었다. 몇 시간을 뒤져도 이거다 싶은 책을 찾을 수가 없었다. PD란 어떤 직업인지, 방송 프로그램은 어떤 과정으로 만드는지, 각 과정에선 무슨 일을 하는지…. 신방과 교재로나 쓰일만한 개론 책과 '프리미어 프로' 같은 편집 툴에 관해 설명하는 책들이 다였다. '이런 건 이미 다 알아서요…. 재밌는 영상을 만드는 방법을 알고 싶다고요….' 그리고 상황은 20년이 지난 지금도 별반 차이가 없다. 서점 사이트를 뒤져봐도 '재밌는 프로그램을 만드는 연출법' 같은 책은 여전히 찾기가 힘들다. 희한한 일이다. 대한민국에 PD가 그렇게나 많은데 왜 아직도 이런 책들이 없는 걸까? 가만 생각하니 세 가지 이유가 떠올랐다.

첫째, '쓰러지겠는데 뭘 써!', PD들이 바빠서다. 기획하고, 촬영하고, 편집하고, 방송 내느라 잘 시간도 부족하다. 나도 그랬다. 뭘 쓸 엄두가 안 났던 게 아니라 아예 그런 생각조차 없었다.

둘째, '내가 뭔데 감히 연출을 논해!', PD들이 겸손해서다. 본인이 연출의 대가도 아니고, 박사 학위를 딴 것도 아니고, 스타 PD도 아닌데, 가까이하면 할수록 멀어지는 연출을, 날이 가면 갈수록 모르겠는 연출을 논할 수는 없다고 생각하는 것이다.

셋째, '답도 없는데 뭘 써!', 영상 연출은 정답이 없어서다. 어제 정답이었던 게 오늘 오답이고, 이 영상 만들 때 오답이었던 게 저 영상 만들 땐 정답이다. 사람마다 느끼는 '재미'가 모두 달라서, 같은 연출을 해도 누구에겐 정답이고 누구에겐 오답이다. '재미있는 연출법'은 동시에 '재미없는 연출법'도 되는 것. '재미'라는 기준도 모호한 문제에 정답까지 없다 보니, 풀이 과정 쓰기도 영 애매하다. 그러다 보니 영상 연출에 관한 글은 PD라는 직업이나 방송 제작 과정, 촬영이나 조명, 편집 기법에 대한 설명으로 채워지는 것이다.

이 세 가지 이유는 사실 날 묶은 결계이기도 했다. 허나 첫

방송 연출 기본기 PD 지망생과 입문자를 위한 현장 지침서

번째 결계는 지금의 내가 너무나 한가해져 깨져버렸다. 남은 결계들은 용기를 냈다. 영상 연출에 정답이 없다는 건, 오답도 없다는 것 아닌가? 그렇다면 오랜 시간 고민했던 연출에 대한 내 결론도 누군가에겐 정답이 될 수 있는 것 아닐까? 방송 연출에 관한 책이 이렇게 부족한데, 답답한 마음에 서점을 헤맬 PD 지망생과 입문자에게 도움이 될 수도 있지 않을까? 도움만 된다면 까짓것 겸손 좀 버릴 수 있는 거 아닐까? 그리하여 드디어 모든 결계가 깨졌다. 전에 썼던 『직업으로서의 PD』 출판 경험은 '나 같은 PD 나부랭이도 책을 쓸 수 있다!'는 사실을 깨닫게 해줬고, 이놈의 겸손을 날려버리는데 큰 용기가 됐다. 그래서 기존의 연출론을 적용하며 영상을 만든 후 내렸던 나름의 결론들을 『방송 연출 기본기』라는 이름의 책으로 정리했다. 성능 확실했던 방법들을 정리한 것이지, 나만의 새롭고 독창적인 연출론을 주장하는 글이 전혀 아님을 먼저 일러둔다. 그랬으면 논문을 썼겠지…. 어쨌든, 안 그래도 무거운 짐 진 PD 지망생과 입문자를 위해 가방에 쏙 들어가는 작은 크기의 책으로 만들었다. 분량만으로도 질려버리는 일 없도록 엄한 이야기 쏙 빼버리고, 20년 PD 생활하며 선별한 가장 필요할 내용들만 채웠다. 목적은 "술술 읽다 보니 방송 연출 무섭지 않아요!" 이렇게만 된다면, 그제야 기쁘게 말할 수 있을 것 같다. PD로서의 삶, '나쁘지 않았다'고.

CONTENTS
차례

CHAPTER 03
공동 작업 기본기

CHAPTER 01

그대들, 어떻게 살 것인가

불행한 정규직 PD

김정규(39세) | 방송사 정규직 PD

오전 9시. 출근 후, 뉴스 좀 뒤적이다 커피 한 잔 들고 편집실로 향한다. 오전 10시엔 가편집본 최종 컨펌을 위한 시사가 예정됐기 때문이다.

"어떠세요, PD님?"

가편집본 재생이 끝난 후, 세컨 PD가 내게 물었다. 주위를 둘러본다. 서브 PD들과 조연출들, 작가들의 몰골이 말이 아니다. 약속된 오늘까지 편집을 끝내려고 며칠 밤을 새웠을 것이리라. 그들의 지친 눈이 모두 나를 향한다. 메인 PD인 내가 OK를 해야 다음 단계로 갈 수 있기 때문이다. 그래야 각자 어디선가 잠시 눈이라도 붙일 수 있을 것이다. 몇 부분이 별로지만 한 번 더 고치자 하면 그리할 수 없는 이유를 대여섯 개는 늘어놓겠지. 그래도 그럭저럭 지난주 방송보단 나쁘지 않은 것 같아서 자질구레한 의견은 쿨하게 넣어두도록 한다.

"좋네요. 고생하셨어요. 종편은 몇 시죠?"

물론 나도 처음부터 이런 건 아니었다. 내 콘텐츠로 사람들을 열광시키리라. 제2의 김태호·나영석 PD를 꿈꾸며 대학 졸업 후, 그 어렵다는 언론 고시를 뚫고 방송사 정규직 제작 PD로 입사했다. 그땐 파이팅이 있었다. 내가 만들면 히트 칠 거라고, 죽은 콘텐츠도 살아날 거라고 믿었다. 단지 필요한 건 몇 년간의 수련뿐. 마음을 다잡고 배정된 프로그램의 조연출로, 서브 PD로 밤낮없이 달렸다. 촬영과 편집 등 모든 제작 과정에 직접 참여했고, 열띤 의견을 냈고, 그때마다 스태프들의 인정을 받았다. 자존감도, 시간외수당도 솔찬히 쌓이는 직업. 정말 난 PD 재질인가 보다. 부장님이 말했다.

"정규야. 열심인 건 좋은데, 주객이 전도되면 안 돼. 회사가 너 기술 가르치려고 뽑은 거 아니다. 우린 손발이 아니라 머리야. 뭔 말인지 알지?"

뭔 말인가 하면, 정규직 PD는 '머리'라는 것이다. 다른 스태프들은 '머리'의 생각대로 움직일 '손발'이라는 것이다. 지금의 트레이닝은 '머리'인 메인 PD가 되었을 때, '손발'을 제대로 다루기 위한 통과의례일 뿐이다. '머리'로서 살아라. 회식 때마다 부장님은 정규직인 우리 동기들에게만 넌지시 말하곤 했다.

 그렇게 입사 후 6년이 다 돼갈 무렵, 난 한 프로그램의 메인
PD가 됐다. 비록 내가 기획한 프로그램이 아닌 오랜 기간 방영
중인 프로그램에 배정된 것이지만, 어쨌든 입봉작이다. 욕심이
난다. 내 식대로 바꾸겠어. 기를 쓰고 내 의견을 반영하며, 탈진
할 정도로 직접 제작에 매달렸다. 하지만 시청률도 화제성도 점
점 낮아진다. 뭐가 문제지? 다른 업무도 있고, 이렇게 계속 제작
에만 매달릴 순 없는데. 몇 주째 고민해도 답이 안 나온다. 그래,
놓아주자. 그동안 부장님이 몇 번을 말했어도, '머리' 역할만 하
는 메인 PD들은 솔직히 직무 유기라고 생각했다. 나는 다르다
고, '머리'로도, '손발'로도 내가 직접 움직이면 프로그램은 확실
히 바뀐다고 믿었다. 근데 아니었다. 이 프로그램은 고정 시청
자층이 있어서 내 능력이 어떻든 바뀌기 힘든 프로그램이었는
데, 내가 큰 착각을 했다. 어차피 원했던 프로그램도 아니니 사
고만 치지 말자. 이대로 유지하면서 진짜 내 프로그램을 준비하
는 거야. 그렇게 마음먹고 다른 메인 PD들처럼 스튜디오 녹화
를 제외한 모든 촬영을 서브 PD들에게 넘겼다. 그리고 '입 편집'
을 시작했다. 서브 PD들이 작가들과 해놓은 편집본을 보고 '이
부분 약한데.', '다른 건 없니?', '이거 빼자.', '저거 넣자.', '자막 고
쳐라.' 류의 수정 명령을 던지는 것이다. 그래도 프로그램은 평

소대로 굴러갔고, 난 일상을 되찾았다. 퇴근이 가능해졌고, 잠을 잘 수 있었고, 여유가 생겼다. 비록 다른 팀원들은 무사하지 못했지만 어쩔 수 없다. 그들은 '손발'이고 난 '머리'니까. 태생적으로 서로의 할 일은 구분된 것, 꼭 새 프로그램으로 떼돈 벌게 해 드리겠습니다. 미안한 마음을 애써 지우며, 그들이 만들어 준 여유를 새 프로그램 기획에 남김없이 쏟았다. 미친놈마냥 수십 편의 기획안을 제출했다. 단언컨대 쉬는 날이 없었다. 하지만

'나는 재능이 없는 건가…'

입봉작을 거쳐 이런저런 프로그램들을 옮겨 다니며 메인 PD를 한 지도 몇 년이 흘렀다. 하지만 모두 내 기획은 아니다. 단한 편도 채택되지 않았다. 자신의 기획으로 신규 프로그램을 제작해 입봉한 동기들을 보면 조바심이 난다. 대박 나 유명해진 후배들을 보면 자괴심이 든다. 이 회사는 내 기획을 받아들이긴 너무 고루하다. 여기를 나가야 해. 하지만 십억 원이 넘는 계약금과 연봉을 약속받고 이적한 후배들과는 달리, 날 스카우트하려는 방송사는 아무도 없다. 있는지도 모르겠지. 난 네임드 프로그램을 못 한 무명의 PD니까. 그렇다고 경력 PD로 다른 방송사에 들어가기엔 연차가 너무 쌓여버렸다. 나가서 외주 프로

덕션을 차려 을로서 경쟁할 용기도 없다. 난 사회생활을 갑으로 시작한 사람이니까. 사방이 막혔다. 갈 곳이 없다. 이제 내게 기회를 주는 일은 없겠지. 앞으로도 회사는 있어도 없어도 모를 프로그램들만 내게 던져줄 것이다. 아니, 그나마 던져주면 다행이다. 나도 이제 곧 올드 보이다. 제작에서 제외당한 무능한 선배들의 행렬에 서게 될지도 모를 일이다. 고작 난 이 정도였던 건가. 아무래도 그런 것 같다. 회의 중, 정규직 조연출 후배의 어설픈 의견에 모두가 고개를 끄덕거리는 모습을 보고 깨달았다. 예전, 날 향한 그 끄덕거림은 내 능력을 인정한 게 아니었구나. 그저 살아남기 위해 정규직 PD와 적을 두지 않으려는 노력일 뿐이었구나. 언론 고시라는 마약에 취해 내가 능력자인 줄로만 알았다. 난 그저 능력도 없이 나댄 천둥벌거숭이다.

마흔도 안 됐는데 일이든 뭐든 즐겁지가 않다. 기획도 멈춘 지 오래고, 도전이 지친다. 무색무취한 하루하루가 흘러 입사한 지 10년이 훌쩍 지났지만, 나는 방송에 적합한 사람인지 갈수록 회의감만 든다. 그런데 우습게도 이런 내가 차장이다. 모르는 사람이 보면 방송국에서 끗발 좀 날리는 줄 알겠지. 욕심만 안 부리면 정말 좋은 직장이다. 내 욕심으로 뛰쳐나가지만 않는다면, 실적이 있든 없든 세월 따라 진급과 정년을 보장해 줄 것이다. 안심해도 된다. 혹시나 제작과 상관없는 이런저런 부서로

방송 연출 기본기 PD 지망생과 입문자를 위한 현장 지침서

좌천되거나 보직 변경되더라도 쪽팔릴지언정 잘리는 일은 없으며, 대기업 수준의 연봉을 유지한다. 이 모든 '철밥통' 보장은 가족들만 누리며, 가족은 물론 정규직만을 의미한다. 언론 고시 합격을 위해 그렇게 노력했으니 이 정도는 당연한 거 아닌가. 정작 직업 만족도를 느끼는 부분은 근무 환경이다. 어쨌든 반은 창작자 마인드의 회사이다 보니 근무 환경이 일반 회사에 비해 자유롭다. 산책하러 가든, 사우나를 가든, 잠을 자든, 친구를 만나든. 범죄만 아니라면 모두 창작을 위해 영감을 얻거나 리프레시하려는 행위로 인정받았다. 퇴근 시간 후 업무 외 행위도 적당히 시간외수당을 신청하곤 했다. 그런데 이 역시, 창작자라면 당연한 거 아닌가. 그래서 나는 떠날 수가 없다. 나는 이대로 늙을 것이고 더 이상의 기회도 없을 테지만, 밖은 정글이고 여긴 온실이란 사실도 잘 알게 됐다. 어른이 된 연후엔 아이 때 것들을 버린다고 했던가. 나는 꿈을 버리고, 갑으로 사는 인생을 택했다. 방송국은 날 완벽히 길들였다.

불행한 비정규직 PD

02

이프리(44세) | 프리랜서 방송 PD

　새벽 4시. 편집 시사가 예정된 오전 10시까지 내 몫의 편집을 끝내고, 다른 PD들의 편집본을 모아 합본해야 한다. 앞으로 6시간. 충분하다. 훨씬 더 빠듯한 시간에도 끝내왔어. 하지만 눈이 감긴다. 나도 이제 마흔넷. 이틀 밤새우는 건 무리인 나이가 됐다. 언제까지 이럴 수 있을까. 사실 나도 이 나이까지 밤새 편집할 줄은 몰랐다.

　"방송이 하고 싶습니다."

　내 콘텐츠로 사람들을 열광시키리라. 안달이 났다. 어차피 나는 PD가 될 사람. 청춘은 하루하루 흐르고 있다. 될지 안 될지도 모를 언론 고시 준비로 시간을 허비하느니, PD가 될 수 있는 확실한 길이 있다면 그 길을 선택해야 하는 것 아닐까? 비록 멀리 돌아가는 험난한 길이더라도, 그럴수록 한 살이라도 젊을 때 시작해야 하는 것 아닐까? 결국, 대학 졸업 전부터 방송사 프리랜서 FD로 일을 시작했다. 정규직보다 더 많은 시간 일하며, 4대 보험, 시간외수당, 그 외 어떤 복지도 없지만 상관없다. PD가 되면 모두 보상받을 테니까. 한 계단씩 올라서 언젠가 반드시 메인 PD가 된다는 믿음으로 4년을 버텼고, 드디어 PD가 됐다. 그리고 믿음은 착각임을 깨달았다.

'방송사 직원만 메인 PD가 된다.'

수년간 목격했다. 누가 기획했든, 누가 만들었든, 메인 PD는 방송사 정규직이다. 실제 기획한 사람도, 직접 밤새워 제작한 사람도 프리랜서 PD인데 그들은 '다크 나이트'마냥 묻혔다. 대신 프로그램이 화제가 되면 정규직 메인 PD가 '하비 덴트'마냥 떠올랐다. 언론에 노출됐고, 사람들은 프로그램이 정규직 메인 PD의 머리에서 나온 줄로만 믿었다. 부당하다. 공을 가로챘어. 분노했다. 나는 전혀 '다크 나이트'가 될 생각이 없는데, 이대로는 나도 콘텐츠를 뺏기고 말겠구나. 하지만 그건 너무나도 당연한 일이었다. 프로그램은 제작·송출되는 순간부터 방송사가 책임진다. 그 책임을 무관한 타인에게 떠넘길 수도 없다. 자사 소속의 직원에게 '메인 PD'라는 명목으로, 상이든 벌이든 다 가져가라며 권한과 책임을 떠넘길 수밖에 없는 것이다. '다크 나이트'고 나발이고 부당한 문제도 아니고 방송사가 내게 사기를 친

것도 아니다. 조금만 생각하면 이렇게나 당연한데, 왜 4년 동안이나 보이지 않았을까. 그냥 나는 보고 싶은 대로 보고, 믿고 싶은 대로 믿었던 거다. 방송사에 프리랜서는 무관한 타인일 뿐인데, 가족보다 오래 붙어있어 그랬던 건지 가족인 줄 믿었던 거다. 가족이니까 프리랜서라도 메인 PD를 맡길 거라고 믿었던 거다. 정말 순진함을 아득히 뛰어넘은 멍청함이다. 아직 늦지 않았어. 메인 PD가 되기 위해선 직원이 돼야 한다. 하지만 언론 고시를 통해 신입 PD로 입사할 기회는 날아갔다. 이제 곧 서른. 대학 졸업까지 한 나는 학자금 대출과 카드값을 갚아야 한다. 불확실한 합격에 베팅하며 입사를 준비할 시간도 용기도 없다. 방송 4년 차란 경력도 마이너스다. 모든 기업이 신입 공채에선 잘못된 버릇이 없는 클린한 인재를 선호한다. 자사의 시스템과 문화 전수가 쉽기 때문이다. 길어도 1년까지의 방송 경력은 '방송 맛 좀 봤구나.'란 경험으로 인정돼 플러스가 될 수도 있겠지만, 4년 차라면 '오염됐다'고 여길 수도 있겠지. 그렇다면 남은 기회는 정규직 경력 PD 채용뿐. 경력 PD는 당장 투입할 수 있으면서도 오염이 덜 됐다고 여겨지는 1~3년 차의 인재를 뽑는 경우가 많다. 내 경력, 아직까진 괜찮아도 프로그램이 자신 없다. 네임드 프로그램이라도 하나 했으면 좋으련만. 어쨌든 변하지 않는 사실은 계속 돈을 벌어야 한다는 것. 현재 프로그램을 계속하면서 방송사 정규직 경력 PD 채용을 노리자. 지금은

그것밖에 답이 없다. 하지만

"강원도에 2박 3일 촬영 좀 다녀와라."

프로그램하며 입사를 준비하는 건 역시 무리였나. 대부분 서류 전형도 넘기지 못했지만, 그나마 잡힌 면접도 제작 스케줄과 겹치기 일쑤였다. 밤새우고 참석한 면접도 두 번, 세 번 떨어지니 열의도 희미해져 이게 뭐 하는 건가 싶다. 결국 경력 PD 지원은 뜸해지다 멈춰버렸다. 그리고 난 또 두 눈을 가리고 잘못된 믿음을 가졌다.

'레전드가 돼주겠어.'

방송일을 시작한 이 방송사에서 정규직이 된다. FD에서 한 계단씩 거쳐 PD가 된 것처럼, 프리랜서에서 계약직으로, 정규직으로 올라가자. 이 세상엔 특채라는 것도 있고 난 회사에서 인정받고 있어. 충분히 가능성은 있다. 지난 4년간 특채로 정규직이 된 프리랜서는 본 적도, 들은 적도 없지만 그 첫 케이스, 내가 돼주겠어. 그리고 이런 다짐을 한 건 나뿐만이 아니었다. 이미 많은 프리랜서 PD가 같은 마음으로 달리는 중이었다. 웃기는 점은 방송사든 방송사의 정규직들이든, 그 누구도 프리랜서

PD들이 생각하는 밝은 미래를 약속한 적도, 제시한 적도 없었다는 것이다. 그리고 부인하지도 않았다. 그들은 아무것도 하지 않았다. 그저 프리랜서 PD들만이 '노력은 배신하지 않는다. 버티는 자가 이긴다.'는 믿음을 스스로 가져버렸고, 일은 물론 정규직 PD의 개인 용무마저 대신하는 등 한계를 넘어 분발했다. 하지만 프리랜서든 계약직이든, 10년이 훌쩍 지나도 정규직 된 사람은 없었다. 배신한 노력에 낙오자가 생겼고, 남은 이들은 오기로 버텼다. 그렇게 시간은 흘러 후배였던 정규직 조연출들은 메인 PD가 됐다. 그리고 나는 여전히 메인 PD의 지시를 받아야 할 프리랜서 PD다. 지시하기도, 지시받기도 서로 껄끄러워진 상황이 된 후에야 나는 첫 일터였던 방송사를 떠나 외주 제작사를 전전하기 시작했다. 그리고 알게 됐다.

'여기도 내 자리는 없구나.'

방송사에 납품하며 먹고사는 외주 제작사. '을'의 집단인 이곳도 '조직'이었다. '을'끼리도 서열이 있어 '병(서브 PD)', '정(조연출)'을 나눴고, 팀장도 있다. 그리고 팀장이란 자리는 거저먹은 게 아닌, 외주 제작사란 조직에서 오랜 시간 직원으로 버텨 얻어낸 자리였다. 대가로 팀장은 '갑'인 방송국 정규직 메인 PD와의 소통을 담당하며, '을'의 집단에서 관리라는 명목으로 '병',

'정'들에게 메인 PD 노릇을 한다. 그리고 여기서도 나는 '병'. 웬만한 팀장들보다 나이도 경력도 많지만, 메인 PD 노릇을 하는 팀장의 지시를 받아야 할 프리랜서 PD다. '을'의 집단마저도 '직원'이 우선이고, 그들 역시 지시받는 대로 행할 '도구'를 원할 뿐이다. 지친다. 언제까지 이렇게 '도구'로서 직접 촬영과 편집에 밤새 매달려야 할까. 오래 버티면 이등병이 병장 되듯 관리자 되는 게 상식인 줄 알았다. 허나 그건 '군대'처럼 '조직'에 속한 자에게만 주어지는 특권이었다. 그리고 방송일 시작한 지 20년이 지난 지금, '조직'에 속하는 건 늦어버렸다. 방송사 정규직 경력 PD에 도전하기엔 연차가 너무 쌓여버렸고, 외주 제작사엔 나보다 어린 팀장들이 버티고 있다. 남은 방법은 내가 외주 제작사를 차리는 것이지만, 신생 제작사에게 팀을 꾸려야 할 정도로 큰일을 주는 방송사는 없다. 솔직히 이제 작은 일 찾기도 힘들다. 1년에 파일럿이나 시즌제 프로그램 1~2개 하면 다행이고, 반년은 논다. 프리랜서라 그 반년은 당연히 수입도 없다. 좋게 생각해야지. 아이들은 자라는데 '도구'로라도 쓰여서 다행인 거야. 해가 뜨고 있다. 나는 앞으로 몇 번의 일출을 더 봐야 할까. 감상은 집어치우자. 몇 시간 뒤엔 시사다. 내 일을 해야지.

"어떠세요, PD님?"

누가 칼 들고 협박한 것도 아닌데 정말 오래 이 일을 해왔다. 나의 세계는 이곳뿐이라 떠날 생각조차 못 했다. 그리고 처음에도 지금도, 이 세계에서 난 혼자다. 방송사에도 외주 제작사에도, 그 어디에도 속하지 못한 난 오늘도 '이방인'으로 하루하루를 산다.

03   **삶은 계속된다**

바늘구멍이라는 언론 고시를 뚫고 지상파 방송국 정규직 제작 PD가 된 선배가 있었다. 하지만 그는 1년 후, 'TV 프로그램은 만드는 것보단 역시 보는 게 즐겁다.'며 사표를 던지고 업계를 떠났다. 이렇듯 다 가진 자도 떠난다. 수능을 마치고 좋은 대학에 입학하든, 언론 고시를 뚫고 방송사에 입사하든 그 후의 삶이 행복해야 한다. 행복하기 위해선 불행을 피하는 것도 방법이고, 그 불행이 어떻게 생겨먹었는지 알아야 피할 수도 있기에 불행의 면면을 살펴야 한다. 그래서 이전 두 편의 글에 불행한 PD의 일상을 담았다. 허구지만, 우리가 모르는 대다수 방송제작 PD들의 현실을 반영했고, 그래도 현실이 조금은 나았으면 하는 바람에 최대한의 우울을 적셨다. 너무 겁먹지 않아도 된다. 이제 허구가 아닌 현실을 보자.

방송통신위원회의 통계를 보면 2021년 지상파 방송 제작 입사자 10명 중 6명이 비정규직이라고 한다.[이찬구 외(2022), 『방송사 비정규직 근로여건 개선방안 연구』, 방송통신위원회]

내가 일을 시작했던 20년 전에도 그랬다. 왜냐? 방송 프로그램 제작엔 많은 인력이 필요하다. 그리고 프로그램은 아무 때나 종영한다. 그래서 방송사는 인력 모두를 정규직이나 계약직으로 채용하지 못한다. 프로그램이 끝나버리면 전부 잉여 인력이 돼버리는데, 채용을 해버리면 이들에게 계속 임금을 지급해야 하기 때문이다. 그래서 방송사는 프로그램 종영과 동시에 자를 수 있는 프리랜서들을 대거 고용하고, 역사적으로 증명된, 소수 엘리트가 다수를 통솔하는 시스템을 구축했다. 여기서 소수 엘리트는 정규직, 다수는 비정규직을 뜻하며, 그 시스템은 최소 20년간 공고해져 기울어진 운동장이 돼버렸다. OTT와 유튜브의 강세로 채널보다 콘텐츠가 중요해진 지금도 마찬가지다. 콘텐츠가 종영되면 제작 인력이 잉여가 되는 건 변함없고, 그 불안 요소를 짊어질 순 없기에 방송사뿐 아니라 외주 제작사 또한 방송사의 이런 시스템을 답습한다. 이윤을 남기려는 경영의 문제라서 정부가 법률로 강제하지 않는 이상 앞으로도 고용 환경 개선은 답이 없다. 노동에 관한 일반적인 상식이 변질돼 버린 이곳이 바로 당신들이 뛰어들려는 현재의 방송 제작 업계다. 그리고 이런 비상식적인 바닥에서 불행을 피해 살아남으려면 알아둬야 할 것이 있다.

'나는 무엇을 원하며, 내겐 무엇이 중요한가.'

방송 연출 기본기 PD 지망생과 입문자를 위한 현장 지침서

연애든 일이든 사랑해서 시작해도 그만둘 때 이유는 하나다. '나와 맞지 않아서. 돈 문제든, 사람 문제든, 환경 문제든 뭐든 단순화하면 결국 나와 맞지 않아서다. 잘못된 선택을 피하려면 '나'를 먼저 알아야 한다. PD 되는 길도 여러 경로가 있는데, '나'를 모르면 잘못된 경로에 진입하게 된다. 그 길에 들어서면 어긋나는 시간이 쌓여 사랑하지 않는 날이 오고, 결국 헤어지듯 직업을 관두거나 애정도 의미도 없는 노동을 지속하게 되는 것이다. 이 과정은 아프고, 아픔이 길어지면 불행이 된다. 불행을 통해 진짜 '나'에 대해 알게 되기도 하지만, 불이 뜨겁다는 걸 알려고 직접 손을 집어넣을 필요는 없다. 그저 나는 무엇을 원하는지, 내겐 무엇이 중요한지 성찰하면 될 일이다. 남들은 내 인생을 대신 살아주지 않기에 돈이든 명예든 '나는 속물인가….' 싶은 세속적인 답이 나올지라도 전혀 부끄러울 것 없다. 비상식적인 바닥일수록 스스로에게 솔직해야 하는 법. 불행을 피해서 '오래오래 살아남아 일했답니다.'란 해피엔딩을 맞으려면, 그 답에 따라 PD 되는 길을 선택하는 것이 상책이다.

오래오래 안정적으로 살고 싶다. 타인의 관심과 칭찬으로 살아 유명해지길 원한다. 내가 원하는 이야기를 하고 싶다. 힘든 건 이겨낼 자신이 있지만 내가 노력한 만큼 대가를 얻는 것이 공정하고, 그게 상식이라고 믿는다. 이들은 '방송사 정규직 PD'가 돼야 한다. 그렇지 않으면 화병, 우울증, 불안증, 무력감으로 업계를 떠날 확률이 높다. 여기서 '방송사 정규직 PD'란 자사 채널을 가진 지상파, 종편, 유명 케이블 방송사와 그들의 자회사 및 산하 레이블의 정직원을 말한다. '언론 고시'로 불리는 신입 공채 입사 시험과 경력 공채를 통해 방송사 정규직 PD가 될 수 있다.

미디어에서 PD를 다루는 방식 때문에 사람들은 약간의 착각을 하게 됐다. 방송사 PD는 크리에이터 혹은 아티스트라고 말이다. 하지만 방송사는 그들이 비정규직을 대거 고용한 수십 년 전부터, 크리에이터나 아티스트를 정규직 PD로 채용하지 않았다. 그들은 관리자를 원한다. 영화 〈스티브 잡스〉에서 잡스가 워즈니악에게 던진 "난 오케스트라의 지휘자야. 넌 좋은 연주자고."라는 대사처럼, 방송사는 다수의 비정규직 연주자를 지휘할 관리자를 정규직 PD로 채용한다. 오케스트라에서 지휘자는 단 한 명이듯 그들도 소수 인원만 필요한데, 되려는 사람들은 많아서 경쟁은 치열하다. 하지만 그 경쟁을 뚫으면 정규직 선배들이 자신의 이익을 위해 견고히 다져온 체계 내에서 일하게 된다. 이 체계는 공정하고 상식적이다. 근로 시간을 넘겨 일하면 초과근무수당을 받고, 휴일에 일하면 휴일근로수당을 받고, 연차를 사용하지 못하면 연차수당을 받는다. 아무리 일이 많더라도 모두 돈이나 휴가로 보상받으며, 대기업 수준의 급여·인센티브·퇴직금 등의 제도 물론 갖춰져 있다. 정년 또한 보장된다. 역한 범죄를 저질러 정규직 구성원 전체의 명예에 먹칠을 하지 않는 이상, 해고되는 일은 거의 없다. 적성에 맞지 않거나 불의의 사고로 업무 능력이 저하되더라도, 부서 이동이나 보직 변경을 통해 정년까지 일할 수 있다. 이렇게까지 적고 나니 특권 같지만 그저 근로기준법이 지켜지는 근무 환경일 뿐이다. 방송사 정규직 PD가 되면 이런 공정하고 상식적인 환경에서, 노력한 만큼 대가를 얻으며, 오래오래 안정적으로 미래를 계획할 수 있다.

높은 인정욕구로 유명해지고 싶은 사람도 방송사 정규직 PD가 유리하다. 한국콘텐츠진흥원의 '2023년 방송 프로그램 외주제작 거래 실태 보고서'에 따르면 외주제작 프로그램의 저작재산권을 여전히 70% 이상의 방송사가 소유한다고 한다.[권민오 외

(2023), 『2023 방송 프로그램 외주제작 거래 실태 보고서』, 한국콘텐츠진흥원]

　70% 이상의 방송사가 제작비를 주고 프로그램의 권리까지 사버린다. 돈을 줬으니 프로그램은 방송사 것이란 의미다. 주인이 바뀌었으니 프로그램의 대표도 바뀐다. 그리고 김태호·나영석 PD처럼 방송사보다 화제성 있는 스타 PD가 아닌 이상, 프로그램의 대표는 방송사에서 배정한 정규직 메인 PD가 된다. 프로그램에 대한 책임과 권한을 자사의 정직원에게 맡기는 것이다. 이제 프로그램을 실제 기획하고 제작한 사람이 누구든, 방송사 정규직 메인 PD가 프로그램의 얼굴이다. 제작발표회든 인터뷰든 기사든 언론에 실리는 것도 메인 PD고, 상을 받는 것도 메인 PD다. 사고가 나면 덤터기를 쓰는 것도 메인 PD지만, 관심과 칭찬을 받고 이름을 알릴 기회는 비정규직 PD보다 압도적으로 많다.

　돈이고 명예고 '내가 원하는 이야기를 하겠다.'는 사람에게도 방송사 정규직 PD가 유리하다. 여기 두 명의 PD가 있다. 한 명은 방송사 정규직 PD, 또 한 명은 외주 제작사 정규직 PD다. 이들 모두 '내 콘텐츠를 하리라!'는 열망으로, 공교롭게도 밤새 똑같은 내용의 기획안을 써서 제출했다. 방송사 정규직 PD의 이후 진행 상황을 보자.

방송사 PD "부장님, 제 기획안 보셨어요?"
방송사 본부장 "그거 괜찮더라. 파일럿으로 추진해 봐." (STEP 1)

이제 외주 제작사 정규직 PD의 이후 진행 상황을 보자.

외주사 PD "팀장님, 제 기획안 보셨어요?"
외주사 팀장 "그거 괜찮더라. 디벨럽 해봐. 대표님 보여드리게." (STEP 1)
외주사 대표 "그거 괜찮더라. 디벨럽 해봐. 방송사 PD 좀 보여주게." (STEP 2)
방송사 PD "그거 괜찮던데요. 디벨럽 좀 해주세요. 부장님 보여드리게요." (STEP 3)
방송사 본부장 "그거 괜찮더라. 파일럿으로 추진해 봐." (STEP 4)

기획안이 방송사 결정권자에게 가기까지 거치는 단계가 이렇게나 차이 난다. 단계가 많아질수록 시어머니도, 사족도 많아지고 중간에 컷 당할 확률도 높아진다. 방송사까지 가지도 못하는 것이다. 그래서 똑같은 기획이라도 누구는 되고, 누구는 안 된다. 재능 차이가 아니다. 내 콘텐츠를 하고 싶다면 방송사 정규직 PD가 백번 유리하다. 같은 이유로 '방송으로 더 나은 사회를 만들고 싶다.'는 사람에게도 방송사 정규직 PD가 유리하다. 교양이든 예능이든 보도든 공익 성향의 프로그램은 품이 드는 반면 쉽게 화제가 되지도 돈을 벌지도 못 한다. 그래서 제작할 의무가 있는 지상파를 제외하면 아무도 그런 프로그램을 만들려 하지 않는다. 기획해도 컷 당하기 일쑤다. 그래서 공익 목적의 콘텐츠를 기획하거나 제작하는 것도 방송사 정규직 PD가 유리하다. 결론적으로 '내가 원하는 콘텐츠를 만들어서 뭔가를 이루겠다.'는 사람들은 방송사 정규직 PD가 천 번 유리하다.

    교양이든 예능이든 드라마든 관계없이 방송사 정규직은 업계 탑의 환경에서 일한다. 언제나 그랬고, 앞으로도 그럴 것이다. OTT가 대세고 아무리 환경이 급변해도 방송사가 손 놓고 있지만은 않을 테니까. 몰락할지 걱정하는 건 너무나 시기상조다. 내게 중요한 가치를 위해 방송사 정규직 PD가 유리하다면 눈 돌리지 말고 신입 공채를 노리자. 처음부터 제작 PD만 노리지 않아도 되니 일단 정규직을 노리자. 후에 제작 PD로 보직 변경하면 되는 일이다. 신입 공채 '언론 고시'가 어렵다면 경력 공채도 있다. 사실 언론 고시 준비보다 몇 년의 경력을 쌓는 게 더 힘들 것 같은데, 일단 전략은 이렇다. 처음부터 경력 공채를 노리고 프리랜서나 계약직으로 네임드 프로그램 연출부에 지원한다. 보통 네임드 프로그램은 힘들다고 방송사마다 소문이 나 있다. 힘든 프로그램에서 성실함을 증명하는 것이다. 그리고 좋은 평판을 쌓아야 한다. 학연·지연 등으로 PD끼리 서로 아는 경우가 있고, 그래서 어떤지 직접 묻는 일이 있다. 경력 공채 최종 면접까지 갔다가 PD들끼리의 통화 후 탈락한 사람을 봤다. 어쨌든 기간은 조연출 1~2년 차 혹은 입봉 1~2년 차까지가 적기다.

그때까지 성실함을 증명하면 된다. 1~2년이면 충분하다. 그리고 신입·경력 공채가 아닌 인턴이나 계약직으로 입사해 정규직을 노리는 희망은 버리는 게 좋다. 지상파에서 그렇게 정규직이 된 사람을 본 건 20년간 단 한 명뿐이다. 어딘가엔 있겠지만 내 주위엔 그랬다. 그래서 아무도 그런 약속은 믿지 않았다.

◆ ◆ ◆

"방송사 정규직 PD 아니면 방송 PD를 할 수 없나요?"라고 묻는다면 당연히 그건 아니다. 방송 제작 인력 10명 중 6명이 비정규직이다. 방송사 정규직 PD의 2배 가까운 사람들이 비정규직 방송 PD로 일하고 있다. 여기서 비정규직 PD란 프리랜서 PD, 외주 제작사 PD, 방송사 계약직 PD를 말하며, 거취 선택에 따라 나뉠 뿐 기본적으로 모두 프리랜서나 매한가지다.

'정해진 업무와 자유로운 스케줄'이 중요한 사람은 프리랜서 PD가 유리하다. 이들은 기획안·개편안·사업 계획안 제출 등 제작 외적으로 정규직 PD가 하는 모든 업무에서 벗어나 있다. 무소속이라 회사 행사에 참여하지 않아도 되고 부르지도 않는다. 제작만이 업무다. 현재, 내가 제작과 관련 없는 일을 하고 있다면 뭔가 잘못된 것이다. 약속 시간까지 결과물만 제대로 내놓으면 OK. 출퇴근 시간도, 근무 시간도 융통성 있게 쓸 수 있다. 일반적으로 회당 페이를 받고, 연차가 높아질수록 페이도 높아지지만, 끝도 없이 높아지진 않는다. 정해진 상한선은 없지만, 20년 차라고 아무나 회당 200만 원 주진 않는다. 방송이 밀리면 페이도 밀리는 경우가 있고, 종영하면 페이 없는 실업자다. 다른 프로그램을 찾을 때까지는, 돈이 떨어질 때까지는 자유로운 시간을 보낼 수 있다.

'그래도 조금은 안정된 현재와 미래'가 중요한 사람은 외주 제작사 정규직 PD가 유리하다. 회당 페이 대신 월급을 선택하고 실업의 불안에서 벗어날 수 있다. 급여와 복지도 방송사 수준은 아니지만 나름 갖춰진 곳이 있으니 잘 살펴야 한다. 방송·유튜브·광고·홍보영상 등 회사가 물어오는 다양한 프로젝트의 제작 경험을 쌓을 수 있으며, 오래 있으면 관리자가 되어 실무에서 벗어날 수도 있다. 그때까지 외주 제작사가 망하지 않는다면 가능한 미래다.

'여러 가지 경험'이 중요한 사람은 방송사 계약직 PD도 괜찮다. 방송사 계약직 PD는 프리랜서 PD들을 위해 마련된 1년이나 2년의 방송사 정규직 PD 체험 코스다. 안정된 체계 내에서 프로그램 제작 과정을 경험할 수 있다. 그리고 방송사가 공인하는 한 줄의 경력도 된다. 다만 계약 종료 후 정규직 전환을 약속하는 확실한 문서 없이는, 상기했듯 정규직이 될 수도 있다는

방송 연출 기본기 PD 지망생과 입문자를 위한 현장 지침서

희망은 버리는 게 정신건강에 좋다. 작은 케이블 방송사는 가능도 하겠지만, 큰 방송사일수록 그런 일은 없다. 계약기간 1~2년 안에 본인이 기획·제작한 프로그램이 전 국민이 알 정도로 슈퍼 메가 히트를 치지 않는 이상, 그래서 방송사 정규직 선배들을 수긍시키지 않는 이상 정규직 되긴 힘들다.

비정규직 PD는 방송사 정규직 신입·경력 공채와 달리 진입에 특별한 노력이 필요치 않다. 경력이 없어도 원하는 곳에 이력서를 내고, FD나 조연출로 시작해서 경력을 쌓아 PD로 입봉하는 것이다. 다만 PD 입봉이란 게 체계가 없다. 기준도 기간도 정해진 게 없다. 시험 통과하면 승진하듯 어떤 기준을 통과하면 되는 것도 아니고, 군대 1년 넘게 복무하면 병장 되듯 일정 기간 지난다고 되는 것도 아니다. 메인 PD나 팀장이 엔딩 크레딧에 연출로 이름을 올려주면 그게 입봉이다. 그래서 입봉에만 집착하거나, 입봉을 빌미로 이용만 당하는 부작용도 나타난다. 하지만 비정규직 PD에게 입봉은 사실 큰 의미가 없다. 결과물로만 증명하는 삶을 살게 되기 때문이다. PD 입봉을 했건, 경력이 10년 이상이건, 네임드 프로그램만 했건 암만 떠들어봤자 다 부질없다. 결과물을 보면 사기꾼인지 아닌지 대번에 드러난다. 수준 이하라면 다음 회차부터 실업자다. 결국 실력 있는 자만 계속 일하게 된다. PD 입봉이란 게 자격증도 아니라 의사면허처럼 실력을 증명하는 수단이 될 수 없어서 정해진 체계가 없는지도 모른다. 어쨌든 비정규직으로서 빠르게 PD 타이틀을 얻는 팁은, 외주 제작사에서 시작하는 것이다. 요즘 중소 엔터 업계에 아이돌 지망생이 줄었다고 하는데, 미디어를 통해 아이돌은 힘든 직업이란 인식이 학생들에게 퍼져서라고 한다. PD도 마찬가지다. 미디어를 통해 PD는 힘든 직업이며, 외주 제작사는 열악하다는 인식도 퍼졌다. 그래서 외주 제작사는 인력이 부족하다. 인력을 잡아두기 위해 1~2년 후 PD 입봉을 약속을 하고, 시간이 지나면 실력과 관계없이 PD 타이틀을 달아준다. 그런데 상기했듯 '이게 다 무슨 소용인가.' PD가 되더라도 그 후의 삶은 계속되는데 말이다. 비정규직 PD의 삶은 방송사 정규직 PD 같은 실드가 없다. 초간단의 삶. 실력만이 나를 보호하고, 실력이 없으면 굶는다.

◆ ◆ ◆

지금까지 PD 된 후 불행을 피하는 상책들을 살펴봤다. 하지만 이를 따른다고 늘 행복하지도 않을 것이다. 사람 마음이란 게 하나만 또렷한 게 아니라 상충된 욕구들이 섞여 있기도 하고, 지금은 맞고 그때는 틀린 것처럼 중요하다고 여겼던 것들도 매번 달라지기 때문이다. 당연하다. 자기 성찰을 멈추지 말고 다른 답이 나오면 다른 길로 접어들면 그뿐, 덜 아픈 게 어딘가. 하나 더 고백하면, PD란 직업을 가지고 가장 오래 웃으며 일하는 자들은 정작 윗글과는 아무 관련이 없다.

언브레이커블 05

그들은 소리에 놀라지 않는 사자처럼 살아남을 수 있다는 전략에도 무관심하다. 그들은 그물에 걸리지 않는 바람처럼 방송사 정규직 PD가 최고라는 말에도 낚이지 않는다. 그들은 물에 더럽히지 않는 연꽃처럼 비상식적인 방송 제작 업계에서도 더럽혀지지 않는다. 바로 PD란 직업을 가지고 가장 오래 웃으며 일하는 자들이다. 그들은 하나같이 한 가지에 미쳐있다.

'제대로 만든다.'

좀 더. 조금만 더. 그들은 제대로 된 작품을 만드는데 미쳐있다. 이렇게 촬영하면 어떨까, 저렇게 편집하면 어떨까, 어떤 방법이 있을까. 밥을 먹든, 지하철을 타든, 화장실을 가든 늘 생각한다. 직업적 의무감만으론 이럴 수 없다. 타고난 거다. 어렸을 때부터 그래왔고, 그래서 그게 그들에겐 당연한 삶이다. 바로 '만든다.'란 PD의 본질과 맞닿아 있는, '장인'의 기질을 갖고 태어난 사람들이다. 이들에게 자기 성찰이나 PD 되는 전략 따위는 뒷전이다. 오로지 관심 있는 것은 하나, '자신의 기준'이다. 무엇을 만들든 자신의 기준에 도달해야 한다. 누가 시켜서도 아니고, 더 나은 미래를 위해서도 아니고, 관심과 칭찬을 받고 싶어서도 아니고, 최선을 다해야한다는 생각에 자신을 채찍질하는 것도 아니다. 그냥 그렇게 태어난 거다. 만듦새가 자신의 기준에 도달하지 못하면 견디지도, 그냥 넘어가지도 못하는 기질인거다. 더구나 그 기준은 난이도 높아지는 게임처럼 회를 거듭하며 갱신된다. 갱신된 기준에 도달하면 클리어. 이 게임이 반복된다. 하지만 게임에 빗댔다고 그 과정이 결코 즐거워 보이진 않는다. 머리를 싸매고 기준에 도달할 공략법을 찾아 스스로 며칠 밤을 지새우며 찌들어가는데, 저렇게까지 할 일인가 싶은 거다. 하지만 그 과정이 불행해 보이지도 않는다. 어쨌든 자기가 하고 싶은 일에 몰입하고 있다는 건 분명하니까. PD 된 사람이 누구든 자신의 기준이 없겠냐마는, 이렇게 기준에 타협이 없는 '독 짓는 늙은이' 같은 장인의 기질을 가진 이들이 바로 PD 재질이다. 환경이 급변해도, 유혹이 산재해도 이들은 깨지지 않는다. 업계에서 가장 오래 살아남은 자들도 이들이고, 여전히 현장을 뛰는 사람도, 가장 높은 페이를 받는 사람도 이들, 방송 업계의 '언브레이커블'이다. 자신이 이런 기질이라면 어떤 길을 통해 PD로 일하더라도 불행으로 깨지지 않을 것이다. 하지만 보통 사람들은 '언브레이커블'이 아니다. 대다수의 사람은 자신의 기준보다는 욕구를 이루거나 신념을 지키기 위해 일하기 때문이다. '언브레이커블'이 될 수도, 닮을 수도 없고, 그러려고 애썼다간 스스로를 속여 고통만 받는다. 앞선 글, '상책'은 PD를 지망하는 이런 보통 사람들을 위한 글이다.

동전에도 양면이 있다고 하는데, PD란 직업에 꿈과 희망을 주입하는 밝은 글은 너무 많고, 어두운 글은 너무 적다. 요약하면 '며칠 밤을 새울 정도로 일이 많아 힘들다.'란 내용이다. 글뿐 아니라 미디어에서도 PD 하면 피곤에 절어있는 모습을 그려 이제 PD가 힘든 일이란 건 누구나 안다. 하지만 정확히 왜 힘든지는 모른다. 그래서 '일이 많아 힘든 것 따위 이겨낼 수 있어! 정신력으로 극복해 주겠어!'란 각오로 도전했다가 '이런 게 힘들줄은 꿈에도 몰랐다.'라며 포기하는 사람이 정말 많다. 이게 다 정보의 불균형 때문이다. 그래서 조금은 어두워도 PD 지망생과 입문자들이 찾아 헤맸던 이야기, 꼭 필요한 이야기를 가장 먼저 담아야 했다. 그게 그나마 가능한 선배의 도리니까. 그대들의 마음은 무거워졌을지라도, 난 이제야 마음이 한결 가벼워졌다. 사뿐히 본편에 들어가 보도록 하겠다.

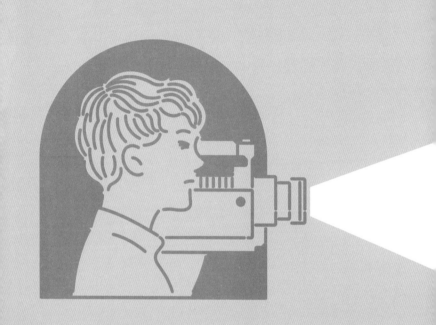

CHAPTER 02

방송 편집 기본기

들어가기 앞서

이 책이 참고한 도서와 방송을 미리 소개하고자 한다. 굳이 이 책을 안 보더라도 '기본기' 그 이상을 향해 달리는 PD 지망생과 입문자라면 꼭 봤으면 한다. 책들은 도서관에서 빌려도 좋지만, 총평은 "이건 사야 해!"다. 두껍지도 않고 술술 읽히지만, 탁월하다. 방송은 10년이 지나도 클래식이다. 유튜브에도 클립 영상이 많지만, 잘린 영상이 아닌 온전한 방송을 처음부터 끝까지 제대로 시청하길 추천한다. 이것들만 보더라도 연출, 스토리텔링 그리고 작문까지, 고민했던 모든 답을 찾게 될 것이다.

도서

⊡ D.하워드·E.마블리, 『시나리오 가이드』, 심산 옮김, 한겨레출판, 1999

이 책은 영상 연출서다. 연출에 관한 책을 그렇게 찾아 헤맸건만 시나리오 작문서의 탈을 쓰고 있어 뒤늦게 발견한 비법서다. 이 책 한 권만 파도 연출에 대한 패러다임이 바뀌고, 실력은 퀀텀 점프할 것이다.

② 마이클 티어노, 『스토리텔링의 비밀』, 김윤철 옮김, 아우라, 2008

시나리오 작성에 관한 가장 간결하고 정확한 책, 아리스토텔레스의 『시학』

입문서다. <내 이름은 김삼순>을 연출한 김윤철 PD가 번역했다. 술술 읽다 보면 영상 스토리텔링에 대한 이해의 틀이 잡힌다.

③ 이노우에 타케히코, 『슬램덩크』, 대원씨아이

'전국 제패를 향한 북산고 농구부의 여정을 그린 성장물'이라고만 소개하기엔 이 만화의 여파가 너무 크다. 요즘 시청자가 열광하는 콘텐츠 모두 『슬램덩크』를 보고 자란 세대들이 만들었다 해도 과언이 아니다. 훔쳐야 할 모든 연출 기법이 총망라된 클래식 중의 클래식이다.

방송

① <무한도전-마지막 1분>, 138회~140회, 김태호, MBC, 2009

2009년 방영된 무한도전의 스포츠 장기 프로젝트. 무한도전 멤버들이 봅슬레이 국가대표 선발전에 도전하는 과정을 담았다. 평균 시청률 16%, 제36회 한국방송대상 연예오락TV부문 작품상과 TV연출상 수상작으로 선정된 리얼리티 예능의 클래식이다.

② <무한도전-돈가방을 갖고 튀어라>, 110회~112회, 김태호, MBC, 2008

2008년 방영된 무한도전의 추격전 특집. '약속된 시간과 장소에 돈가방을 가져온 사람이 상금을 받는다.'는 미션이 주어지고, 멤버들이 수행하는 과정을 담았다. 대한민국 예능계에 추격전이라는 아이템을 도입, 대유행하게 만든 리얼리티 예능의 클래식이다.

연출의 처음과 끝

내가 원하는 게 있다. 하지만 그걸 이루려면 사람들이 내 이야기를 들어야 하는 상황이다. 그것도 끝까지 들어야 이룰 수 있다. 어떻게 중간에 떠나지 않도록 몰입시킬까? 몰입시키는 방법, 이것이 연출의 '수단'이다. 원하는 것, 즉 의도를 이루는 건 연출의 '목적'이 된다. 수단을 활용해 목적을 이뤘다면 그게 바로 '성공한 연출'이다. 예를 하나 들어보자.

여기 노련한 약장수가 있다. 우선 그는 공짜 차력 쇼로 사람들의 이목을 집중시킨다. 그리고 여기 차력맨들이 건강한 이유는 모두 이 약 덕분이라며 현란한 화술로 관객들을 몰입시킨다. 결국 끝까지 남은 이들은 모두가 약을 산다.

약장수는 성공한 연출을 해냈다. 약을 팔려는 목적으로, 건강을 위해 이 약이 필요하다는 이야기를, 차력 쇼와 화술이란 수단으로 몰입시켜 끝까지 전달했고, 그 결과 사람들이 약을 샀다. 하려는 이야기에 끝까지 몰입시켜 의도를 이뤄낸 것이다. 하지만 사람들이 끝까지 남아도 약은 안 살 수 있다. 중간에 떠나고 약도 안 살 수 있다. 의도를 이루지 못한 이런 경우 '실패한 연출'이다. "사람들이 떠나도 약은 잘 팔 수 있지 않나요?"라고 묻는다면, 단언컨대 그런 경우는 없다. 약을 잘 팔려면 사람들을 끝까지 몰입시켜야 한다. 의도를 이루려면 이야기에 끝까지 몰입시키는 것이 필수이자 0순위다. 즉, 연출을 잘한다는 건 '하려는 이야기에 끝까지 몰입시키는 것'도, '그래서 의도를 이루는 것'도 제대로 해낸다는 의미다.

'하려는 이야기에 끝까지 몰입시켜 의도를 이룬다.'

이것이 연출의 처음과 끝이다. 연출이란 일을 하게 된다면 몇 년, 몇십 년이 지나더라도 이 한 문장에 관해 고민하게 된다. '의도를 이룰 만큼 이야기가 잘 전달될까?', '잘 전달되기엔 너무 몰입이 안 되는 거 아닐까? 너무 정보 전달에만 신경 썼나? 보다 끄지 않을까?', '너무 몰입시키는 것만 신경 써서 무슨 얘길 하려는지 알아들을까? 너무 산만하지 않나? 내용이 기억은 날까?' 연출은 의도를 이루기 위해 몰입이란 수단을 쓰는 작업이며, 의도와 몰입 사이의 줄을 타는 작업이다. 균형을 잃고 어느 한쪽으로라도 넘어지면 의도는 이룰 수 없다. 그렇다면 그 줄을 잘 타기 위한, 즉 연출을 잘하기 위한 방법은 무엇일까?

편집을 제압하는 자가 연출을 제압한다

연출을 잘하기 위해서 좋은 작품을 많이 보는 것도 중요하지만, 가장 빠르고 성능 확실한 방법은 직접 편집을 해보는 것이다. 편집을 해보면 의도나 몰입에 넘치는 부분이 뭔지, 부족한 부분은 뭔지, 필요한 부분이 뭔지 알게 된다. 그래서 편집 경험이 많은 사람은 기획 과정부터 탄탄한 구성과 포맷을 짜거나 촬영 과정에서도 필요한 부분을 놓치지 않고 찍는다. 이렇듯, 편집 능력은 편집실 컴퓨터 앞에 앉아 자르고 붙일 때만 쓰이는 게 아니다. 제작 전 과정에 가장 필요한 능력이다. 그래선지 현장에서도 편집 잘하는 자가 연출도 잘한다. 하지만 영상 제작의 본격적인 시작이란 게 보통 촬영이라 그런지 연출 일을 하게 되면 일단 촬영부터 투입되는 경우가 많다. 아는 게 없으니 카메라만 무작정 돌리게 되고, 당연히 고통과 후회 속에 지새는 편집의 밤들이 반복된다. 이렇게 직접 데이면서 편집을 깨치게 되는 게 전통(?)이지만, 아는 만큼 보인다고도 했다. 데이더라도 편집에 관해 알고 하면, 기획이든 촬영이든 편집이든 더 많은 것들을 보게 될 것이다. 편집을 제압하는 자가 연출을 제압한다. 그래서 편집에 관한 이야기부터 시작하려 한다.

연출이란 하려는 이야기에 끝까지 몰입시켜 의도를 이루는 작업이다. 연출을 잘하는 최고이자 최선의 방법은 '편집'을 아는 것이다.

의도를 이루는 방법
연출의 목적

03

　돈 받고 연출하는 프로 연출자가 되려면 철칙이 있다. 바로 연출의 목적을 이뤄내는 것. 앞서 연출의 목적은 의도를 이루는 것이라 했으니, 영상 연출의 목적은 영상을 통해 의도를 이루는 것이 된다. 하지만 불행히도 의도를 이루지 못한 영상이 많다. 폭력적이고 선정적인 장면을 남발해 끝까지 봤어도 내용을 모르겠는 영화, 현란하고 감각적인 장면으로 도배해 끝까지 봤어도 제품명은 기억나지 않는 광고가 그것이다. 다들 연출자의 철칙을 모르는 게 아니다. 그런데도 왜 자꾸 이런 영상이 만들어지는 걸까? 대부분은 그냥 만든 본인에게 뻑이 가서다. '내가 이런 걸 만들다니!' 처음엔 의도에 신경 썼더라도 점점 자아도취해서 이야기가 산으로 간다. 이는 쾌락에 빠져, 먹고 자는 걸 잊은 사람과 같다. 하지만 모두 알다시피 먹고 자는 건 인간의 철칙이다. 철칙을 무시한 이런 영상은 연출자의 자기 위안일 뿐이다. 제작비만 낭비한 실패한 연출일 뿐이다. 방송이라면 전파 낭비까지 더해진 유죄일 뿐이다. 죄짓고 살지 말자. 프로 연출자가 되려면 목적이 이끄는 삶을 살아야 한다. 연출의 목적은 의도를 이루는 것이니, 목적이 이끄는 대로 영상의 의도를 이루도록 만들면 된다. 현장에선 영상을 만든 의도를 '기획의도'라 부르니, 우리도 앞으로 그렇게 부르자. 기획의도는 내가, 팀이, 클라이언트가 영상을 통해서 시청자에게 전하려는 메시지를 말한다. 기획의도를 이룬다는 것은 메시지 전달 그 자체가 될 수도 있고, 메시지 전달을 통해 감정이나 행동의 변화를 이끌어내는 것이 될 수도 있다.

- **MBC <복면가왕> 기획의도** "노래 실력만으로도 인정받을 수 있다!"
- **유튜브 <가짜사나이> 기획의도** "이런 사람들도 한다. 당신도 할 수 있다!"
- **바이럴 광고 기획의도** "이거 좋으니까 사세요!"

　그렇다면 이런 기획의도를 어떻게 이룬단 말인가? 우선 기획의도를 이루는 방법에 대해 비유한 다음 글을 보자.

내가 나무로 오두막을 짓는다고 하자. 오두막이라는 이미지는 '목적' 곧 최종 결과물이며, 이 오두막을 짓기 위해 하는 모든 일은 이러한 목적을 달성하기 위한 '수단'이다. 나는 나무를 베고 자르면서 언제나 집이라는 최종 결과물을 생각한다.

　　　　　　　- 마이클 티어노, 『스토리텔링의 비밀』, 김윤철 옮김, 아우라, 2008, P.69~70

　MBC <복면가왕>에서 '노래 실력만으로도 인정받을 수 있다!' 라는 기획의도는 '목적', 최종 결과물이다. 이를 위해 나무도 베고 자르는 것처럼, 가면도 씌우고 투표도 한다(수단). 그 일을 할 때 언제나 집이라는 최종 결과물을 생각하는 것처럼, 우리는 제작 과정 내내 언제나 '노래 실력만으로도 인정받을 수 있다!'라는 목적을 생각해야 한다. 경연 중간 개인기 타임이 재밌다고 그걸 살리고 본 무대 시간을 줄이면 안 되는 것이다. 화장실 자재가 너무 좋다고 화장실을 침실보다 크게 만들 수는 없지 않은가. 이런 파국을 막고 기획의도를 이루기 위해선 '오두막이라는 이미지', 즉 '의도를 이룬 최종 이미지'가 필요하다. 방송 현장에선 '겐또'라고도 하는데 어쨌든 그게 대본처럼 글이 됐든, 콘티처럼 그림이 됐든, 그냥 생각뿐이든, PD의 머릿속에 있어야 한다. 그럼 '오두막을 짓는데 이제 나무는 충분하고 돌이 부족하구나.' 보이듯, 의도를 이루기에 넘치거나 모자란 장면들이 보인다. 오두막, 즉 '최종 이미지'라는 기준이 있기 때문이다. 이제 기준에 벗어난 장면들은 제치고 부족한 부분은 보충하면서, 최종 이미지 실현에 필요한 장면들을 선별할 수 있게 된다. 예를 들어 '건강하고 맛있는 김치찌개'라는 최종 이미지가 있다면, 마트의 수많은 재료들 중 '건강과 맛'이라는 기준에 부합하는 '김치찌개 재료'를 고를 수 있게 된다. 묵은지, 돼지고기, 두부, 사골 육수, 대파 등 건강하고 맛있는 김치찌개를 만들 수 있는 재료를 고를 수 있게 되는 것이다. 이제 끓이기만 하면 '건강하고 맛있는 김치찌개'가 될까? 모두 알다시피, 그건 아니다. 맛있는 재료를 다 때려 넣었다고 해서 맛있는 음식이 되진 않는다. 재미

방송 연출 기본기 PD 지망생과 입문자를 위한 현장 지침서

있는 부분만 이어 붙인다고 기획의도는 이뤄지지 않는 것이다. "그럼 최종 이미지고 뭐고 다 필요 없는 거 아니에요?"라며 분노할 수 있는데, 조금만 참자. 우리는 이미 연출의 절반 이상을 이뤘다. 건강하고 맛있는 김치찌개라는 최종 이미지가 없었다면, 아무 재료나 기획하고 촬영하고 편집해서 해물탕이 됐을 수도 있는데, 어쨌든 김치찌개를 만들 수 있게 된 것이다. 최종 이미지 실현에 필요한 장면들을 선별함으로써, 드디어 기획의도를 이룰 수 있는 토대가 마련됐다. 이제 선별된 재료들을 맛있게만 요리하면 기획의도가 이뤄지는 것이다. 정리하면 이렇다.

기획의도를 이루는 편집이란 '최종 이미지' 실현에 필요한 장면들을, 시청자가 끝까지 보게끔 만드는 작업이다.

장담컨대, 이렇게 편집하면 기획의도는 이뤄진다. 그렇다면 이제 알아야 할 건 맛있게 요리하는 방법, 즉 시청자가 끝까지 보게끔 편집하는 방법이다. 그것만 알면 우린 성공한 연출을 할 수 있다.

3줄 요약

기획의도를 이루는 편집을 하려면, 먼저 '기획의도를 이룬 최종 이미지' 실현에 필요한 장면들부터 선별해야 한다.

방송 프로그램을 보고 난 후, 무엇을 느끼는지 돌아보자. 정리가 되면 프로그램 홈페이지에 기재된 기획의도를 보자. 기획의도와 내 느낌이 일치하면, 그 프로그램은 연출에 성공한 것이다. 교재 삼아도 된다. 이걸 반복하다 보면, 연출에 성공하는 프로그램들은 어떻게 기획의도를 이루는지 보이기 시작한다. 일부러 이런저런 프로그램을 찾아볼 필요 없고, 재밌게 본 프로그램만으로 충분하다.

04

몰입시키는 방법
연출의 수단

　시청자가 끝까지 보는 영상들은 하나같이 재밌다. 여기서부터 시작하자. 연출자의 꿈도 재밌는 이야기를 만들고 싶다는 데서 시작할 테니까. 일단 '재미'란 뭘까? 주관의 영역이라 사람마다 다르겠지만, 국어사전은 '즐거운 기분이나 느낌'이라고 정의한다. 어떻게 즐거운 기분이나 느낌을 불러일으킬 수 있을까? 혹시 즐거운 기분이나 느낌을 유발하는 이야기들의 '공통된' 특징이 있을까? 혹시 즐거운 기분이나 느낌이 유발되는 시청자들의 '공통된' 행위가 있을까? '공통된' 뭔가가 있다면, 그렇게 만들면 되겠네! 책이나 영상을 보고 '정말 재미있었다!'라고 느꼈던 과정을 떠올려보자.

• 『셜록 홈즈』 (아서 코난 도일 저)

1　책을 폈다. 사건이 일어난다.

2　"범인은 누굴까?", "사건은 왜 일어난 걸까?", "방해꾼들을 어떻게 극복할까?", "홈즈는 사건을 해결할 수 있을까?"

3　사건이 해결됐다.

4　"야! 재밌었다!"

• 『슬램덩크』 (이노우에 타케히코 저)

[1] 책을 폈다. 강백호가 농구부에 들어간다.

[2] "풋내기 강백호가 농구선수가 될 수 있을까?", "폭력사태로 농구부가 없어지진 않을까?", "강백호는 부상을 이겨낼 수 있을까?"

[3] 최강 산왕공고를 이겼다.

[4] "야! 재밌었다!"

• <무한도전-마지막 1분> (138회~140회, 김태호, MBC, 2009)

[1] 멤버들이 봅슬레이에 도전한다.

[2] "경험도 없는 멤버들이 탈 수는 있을까?", "전진과 형돈이 부상을 입었네. 출전할 수 있을까?", "재석, 명수, 준하 최고령 멤버들이 출전하게 됐네. 완주할 수 있을까?"

[3] 무사히 완주했다.

[4] "야! 재밌었다!"

보이는가? '야! 재밌었다!'란 느낌을 얻기까지 사람들은 무엇을 했는가? 사람들이 반복한 공통된 행위는 무엇인가? 수많은 질문을 던졌다! 누가 시키지도 않았는데 스스로 수많은 질문을 던졌다! 보면서 그 질문들이 해결되고, 또 다른 질문이 생기고 또 해결되는 과정이 반복된다. 사람들은 스스로 계속 참여한다. 이 과정이 바로 '몰입'이다. 이야기가 끝나기 직전 가장 큰 질문이 해결된 후, 그제야 '몰입'이란 마법에서 풀려난다. 그리고 외친다. "야! 재밌었다!" 유레카! 이야기를 재미있게 만들고 싶다면, 이야기가 끝나기 직전까지 스스로 질문과 해결을 반복하도록 만들어라. '어떻게 해야 재미있을까?'가 아닌 '어떻게 해야 궁금할까?'를 고민해라. 궁금하면 몰입하고, 몰입하면 재미있다. 그리고 그 방법. 영상을 통해 시청자를 생각하게 만드는 방법들을 '영상문법'이라 부른다. PD 지망생과 입문자는 당분간 이 단어를 잊도록 하자.

연출에는 정답이 없다

영상문법은 법칙도, 공식도 아니다. 단지 "A를 했더니 시청자들이 몰입하더라고요. 옛날부터 많이 그랬어요."라는 방법들을 모아 편의를 위해 이름 붙였을 뿐이다. 하지만 '법'이라는 글자 때문인지 영상을 연출할 때 반드시 지켜야 할 뭔가로 여겨진다. 그래서 찾아보면 몽타주니, 미장센이니, 셔레이드니, 180도 규칙이니, 이미지너리 라인이니 이런 걸 다 지켜야 하나 숨이 턱 막히고, 벽으로 다가오기까지 한다. 더 큰 부작용은 머리가 굳어버리는 것이다. 이해 없이 외워버린 영상문법들 때문에 "이건 법칙인데요."라며 다른 방법을 생각조차 거부하는 입문자들이 현장에 은근히 많다. 주객이 전도됐다. 시청자를 몰입시키는 새로운 방법들은 이제 영상문법에 얽매이지 않는 유튜브에서 더 많이 등장한다. 시청자가 영상을 보고 생각하기 시작한다면 어떤 방법이든 좋다. 연출에 정답이 없다는 말은 그래서 나왔다. 연출의 즐거움은 시청자를 몰입시킬 방법을 제한 없이 고민할 때 생기며, 그 즐거움이 머리를 열리게 만든다. 시청자에게 이야기를 들려주겠다는 사람들이 시청자보다 닫혀있으면 안 될 것 아닌가. 머리가 열려야 기존 영상문법들도 제대로 이해가 된다. 제대로 이해해야 응용과 변주도 마음대로 할 수 있다. 말이 너무 많았다. 그냥 다 집어치우고 딱 하나만 생각하자. "이 영상을 보면서 시청자가 스스로 질문을 던지고 해답을 찾도록 편집해야지!" 이것이 시청자가 끝까지 보게끔 편집하는 방법이다. 이제 앞서 다뤘던 편집의 개념을 다시 써보자.

편집이란 무엇인가?

'편집'이란 기획의도 실현에 필요한 장면들을, 시청자 스스로 질문을 던지고 해답을 찾도록 자르거나 붙이고 배치해서, 기획의도를 실현하는 작업이다.

말이 쉽네. 그래서 어떻게 하는 건데? 어렵게 느껴지지만 이렇게 보면 또 알 것도 같다.

- "이번 주 가왕은 누가 될까? 저 사람은 누굴까? 가수일까? 배우일까? 지난주 가왕은 타이틀을 지킬 수 있을까? 아! 저 사람이었구나! 가수도 아닌데 노래 잘하네!" <복면가왕>, MBC
- "UDT 훈련 어마어마하구나! 이 사람들 견뎌낼 수 있을까? 이번엔 누가 퇴교할까? 누가 살아남을까? 아! 마쳤네! 이런 사람들도 정신력으로 극복할 수 있구나!" <가짜사나이>, 유튜브
- "끔찍한 사건이 있었구나! 범인은 누구지? 단서는 뭐지? 누가 거짓말하고 있지? 아! 과학수사로 해결할 수 있어! 이 사건을 잊지 말아야겠구나! <그것이 알고 싶다>, SBS

시청자가 질문을 던지고 추리할 수 있도록, 복면과 가왕, 연예인 판정단과 개인기 타임이란 포맷을 잡는다. UDT 훈련 체험과 강력한 교관, 퇴소라는 장치를 넣는다. 재연과 실험, 인터뷰를 한다. 기획의도 실현에 필요한 영상들을 얻기 위해, 취재를 하고 장치를 넣고 포맷을 잡는다. 그렇게 얻은 영상들을 촬영 순서와 상관없이, 시청자 스스로 질문과 해결을 반복할 수 있도록 편집한다. 이 두 가지를 성공하면 기획의도는 마법처럼 자연스레 이뤄진다. 이게 영상 연출이다. 이게 다다. 같은 이치를 적용하면, 편집할 때 가장 많이 헷갈리는 두 가지 고민도 해결할 수 있다. 첫 번째 고민, '이 장면은 필요한가?' 기획의도는 '목적지'고, '나침반'이며, '등대'란 걸 믿고, 기획의도 실현에 필요한 장면이 아니라면 놔두거나 날려버려도 좋다. '혹시라도 쓸 수

있지 않을까?'란 미련은 버리는 게 낫다. 사족이다. 밤새 편집하게 될 내 몸을 위해 기꺼이 버리자. 두 번째 고민, '편집은 제대로 되고 있는 건가?' 편집한 영상을 보면서 뒤가 궁금하지 않거나 궁금해지더라도 답을 찾을 수 없다면, 애석하지만 좋은 편집 흐름이 아니다.

3줄 요약

몰입시키는 편집을 하려면, 시청자 스스로 질문과 해결을 반복하도록 붙여야 한다. 기획의도 실현을 위해 선별된 장면들로 그렇게 붙인다면, 기획의도는 이뤄진다.

> **TIP**
>
> 방송 프로그램을 보면서 나도 모르게 몰입하고 있다면, 나는 지금 이 장면에서 어떤 질문이 떠오르고, 어떤 장면에서 그 답을 찾았는지 스스로를 관찰해 보자. 이걸 반복하다 보면, 어떻게 궁금하게 만들고 답을 배치해야 할지 보이기 시작한다. 일부러 이런저런 프로그램을 찾아볼 필요 없고, 재밌게 본 프로그램만으로도 충분하다.

방송 연출 기본기 PD 지망생과 입문자를 위한 현장 지침서

05 행동으로 말하는 방법
몰입을 위한 행동

　앞서 시청자를 몰입시키고 싶다면, 시청자 스스로 질문과 해결을 반복하도록 편집하라고 했다. "그러니까 그걸 어떻게 합니까?" 막막하겠지만, 다행히 우리에겐 영상이란 강력한 무기가 있다. 소설이나 라디오와는 다르게, '보여줌으로써' 사람들을 단번에 집중시킬 수 있는 장점을 써먹으면 되는 것이다. 어떻게 집중시키느냐? 고전소설 『흥부전』을 떠올려보자. 흥부가 형수에게 밥을 구걸하자, 형수는 밥 푸던 주걱으로 흥부의 뺨을 친다. 그리고 흥부는 뺨에 붙은 밥풀을 떼서 먹는다. 시청자는 대사보다, 주걱 싸대기나 밥풀을 떼먹는 '행동'에 집중한다. 그리고 생각한다. '뭐지, 이 상황은? 어떻게 주걱으로 싸대기를 날리지? 저 남자는 왜 화도 안 내고 밥풀을 떼먹지? 거진가? 둘은 무슨 사이지? 좀 더 지켜보자.' 보라. 행동만 보여줬는데도 반사적으로 의문을 가지고 추측한다. 행동 대신 인터뷰나 대사, 내레이션이 붙었다면 어땠을까? "놀부네는 흥부네를 싫어합니다. 주걱 싸대기를 날릴 정도로 엄청나게 싫어하죠." 어떤 생각이 드는가? '그렇구나. 싫어하네.' 여기서 끝이다. 추측도 의문도 없다. 답 나왔다. 출연자의 의도나 감정이 드러나는 '행동'을 보여주면 시청자는 집중하고, 질문하고, 추측한다. '행동'들을 이어 붙이면 이 과정을 반복하며 몰입하게 된다. 쉽네! 그런데 왜 현장에선 행동 대신 인터뷰나 대사, 내레이션, 자막으로 처리하곤 하는 걸까? 시청자의 질문에 대한 답이 되는 행동이 없거나, 그냥 그게 더 편해서다. 다시 고전소설 『흥부전』을 예로 들어보자. 놀부의 심술을 표현해야 한다. 그런데 아뿔싸! 심술부리는 결정적 장면 '우는 아기 똥 먹이기'를 안 찍었다. 그래도 술 잘 먹고 욕 잘하는 장면은 찍었는데…. 이거 편집으로 살리기도 힘들고, 촬영본도 많은데 다른 장면 찾기도 피곤하고, 편집해 봤자 방송 시간만 늘어나니까 그냥 인터뷰로 때워야겠다. 그리고 "제가 한 심술 합니다. 보통 성격이 아니거든요."라는 인터뷰를 붙인다. '그렇구나.' 시청자는 더 이상 생각하지 않는다.

영상 구성의 기본은, 기획의도 실현에 필요한 장면 중에서 출연자의 의도나 감정이 드러나는 '행동'을 찾아 채워나가는 것이다.

영상은 행동을 보여줘야 제 효과를 발휘하는 매체다. 행동을 보여줘서 집중하게 만들어야 한다. 시청자의 입에 직접 떠먹여 주는 게 아니라 "내가 뭘 본 거지? 뭔 장면이지?"라고 직접 생각하게 만들어야 한다. 그래야 그 답을 찾기 위해, 이어지는 장면들에 몰입하게 된다. 전하고 싶은 걸 인터뷰, 대사, 내레이션,

방송 연출 기본기 PD 지망생과 입문자를 위한 현장 지침서

자막으로 처리할 수도 있지만, 그건 소설에서 글로 써버리거나, 라디오에서 말로 털어버리는 것과 같다. 쉽지만 시청자의 감정 이입과 몰입을 끌어내기 어렵다. 왜냐? 누군가를 좋아할 때, 그 사람에 대해 타인에게 듣는 것과 그 사람을 보고 직접 생각하는 것. 둘 중 무엇이 더 사랑을 싹트게 하는가? 답 나왔다면 쉽게 갈 생각 말고, 기획의도 실현에 필요한 장면 중에서 출연자의 의도나 감정이 드러나는 행동을 찾아 붙이자. 행동의 의미는 시청자 스스로 추측하고, 판단해서, 몰입하게 될 것이다. 그러니 촬영본을 뒤지는 게 오래 걸리고 힘들어도, 가능하면 그런 장면 들로 컷을 붙이는 훈련을 하자. 영상은 '행동'으로 말한다. 영상 구성에 있어선 첫째도, 둘째도, 셋째도 '행동'이 최우선이다. 영상 연출을 하려 한다면, 뇌구조 자체를 그렇게 바꾸는 게 좋다.

'리얼리티'를 위한 행동

영상 제작에서 리얼(Real)은 '진짜', 리얼리티(Reality)는 '진짜 같은'이란 의미가 있다. 기록물이나 보도물은 '리얼'이 중요하다. 사실을 있는 그대로 전해야 한다. 반면 교양·예능 같은 구성 물은 '리얼리티'다. 사실을 있는 그대로 전하는 게 아니라 '진짜 같이' 보이게 만드는 것이다. 현실을 수정해도 된다는 뜻이고, 시청자의 몰입을 위해선 그래야만 한다. 하지만 행동의 의미를 반대로 왜곡하거나, 없던 일을 만들어내란 게 아니다. 그건 조작이다. 그렇다면 대체 조작이 아닌 수정은 무엇일까? 시청자에게 현실보다 강렬한 경험을 선사하기 위해, 의미를 훼손하지 않는 선에서 컷을 바꾸거나 구성 순서를 바꾸는 것이다. 이 선을 잘 타는 게 중요하다. 시합에서 패배한 장면을 예로 들어보자. 주인공은 분해서 손을 '부들부들' 떤다. 무슨 말이 필요한가? 너무 분하면 말도 안 나오는 경험은 우리도 했고, 그래서 '부들부들' 떠는 행동 하나로, 주인공이 얼마나 분한지 확실하게 느낄 수 있다. 이 역시 인터뷰로 그때의 감정을 설명할 수 있다. 하지만 '부들부들' 컷을 이길 수는 없다. 편집을 하는 우리는 인터뷰 대신 '부들부들' 떠는 손 타이트 샷 한 컷을 넣음으로써, 분량을 줄임과 동시에 임팩트까지 줄 수 있다. 하지만 '부들부들' 컷이 없다면? 그때의 감정에 대한 인터뷰만 있다면 임팩트를 포기해야만 할까? 아니다. 우린 '리얼리티'를 하고 있다. 임팩트와 분량 조절을 위해 수정해도 된다. 촬영본을 뒤져 '부들부들' 컷이 다른 상황에 있더라도 찾아 끼워 넣자. 없으면 다시 찍어서라도 넣자. 그래도 되고, 그래야 한다. 손 타이트 샷이 '부들부들'이 아닌 '손 하트'라면, 주인공의 분함이라는 본질을 훼손하겠지만, '부들부들' 컷이라면, 분함이라는 본질을 훼손하지 않고 강화한다. 이건 훼손도, 왜곡도, 조작도 아니다. 몰입만을 위해 본질을 훼손하면 조작이요, 본질을 훼손하지 않는 선에서 몰입을 위해

방송 연출 기본기 PD 지망생과 입문자를 위한 현장 지침서

강화하면 미덕이다. 촬영본의 바다에서 그런 행동을 찾고, 다시 찍고 하는 과정이 좀 힘들긴 하겠지만. 어쨌든 이렇게 출연자의 의도나 감정이 드러난 행동을 찾으려면, 평소 사람에 대해 관심을 갖고 관찰하며 행동의 의미를 파악하는 꾸준한 연습과 훈련이 필요하다. 내 아내가, 내 자식이, 내 친구가, 내 선후배가 열의를 가지면, 혹은 지루하면 어떤 행동을 하지? 데이터가 쌓이면 촬영장에서 혹은 촬영본에서 행동의 의미가 보인다. 다음 편부터는 한 편의 영상을 완성하는 순서를 따라, 편집 연출에 관해 정리해보겠다.

3줄 요약

출연자의 의도나 감정이 드러나는 '행동'을 찾아 붙이면, 시청자는 스스로 추측하고 판단해서 몰입하게 된다. 영상은 '행동'으로 말해야 한다.

> **TIP**
>
> 일상생활에서 어떤 상황일 때 사람들은 어떤 행동을 하는지 관찰하며 데이터를 쌓는 게 가장 눈을 트이게 한다. 다음으로 방송 프로그램을 보면서, 의미 전달을 위해 출연자의 어떤 행동을 붙였는지 찾아보는 것도 도움이 된다.

수정을 줄이는 방법
기획의도의 통일

촬영이 끝났다. 카메라 한 대로 10분을 찍었을 수도 있고, 30대 이상의 카메라로 일주일을 찍었을 수도 있다. 이 촬영본은 일단 두고, 편집 전 가장 먼저 해야 할 일이 있다. 바로 기획의도의 통일이다. '응? 기획의도는 원래 하나 아닌가?' 싶겠지만, 앞서 기획의도는 '내가, 팀이, 클라이언트가 영상을 통해서 시청자에게 전하려는 메시지'라고 했다. 메시지는 하나지만, 그걸 전하려는 사람들은 '나와 팀과 클라이언트'처럼 여럿이 될 수 있는 것이다. 방송 제작 대부분은 이런 공동 작업이고, 공동 작업에서 모두가 같은 목적지로 가려면, 반드시 같은 등대의 불빛을 기준 삼아야 된다. 무슨 말이냐? 기획의도는 '목적지, 나침반, 등대'라고도 했으니, 작업 참여자 각자가 생각하는 기획의도를 통일시켜야 한다는 말이다. 여럿이서 조립 로봇을 만든다고 치자. 완성된 로봇의 그림은 준비 못했지만, 일단 시간이 없어 '아이들을 위한 로봇이야. 뭔 느낌인지 알지?' 외치고 만들기 시작한다. 서로 팔, 다리, 몸통, 머리 부분의 조립을 나눠 맡아, 각자의 방에 틀어박혀 밤새 열심히 만든다. 하지만 다음날 그것들을 합쳐보고 모두 눈물을 삼킨다. 여자 아이가 좋아하는 하츄핑 스타일의 팔, 엘사 스타일의 몸통, 남자 아이가 좋아하는 쿵푸팬더 스타일의 다리, 배트맨 스타일 머리가 섞인 끔찍한 혼종이 태어 났기 때문이다. 모두 아이들을 위한 로봇을 생각하며 만들었고, 떼어놓고 보면 각 부분이 모두 고퀄이지만, 합치면 괴이한 망작 이 된다. 완성된 로봇 그림, 단 한 장이 없었기 때문이다. 완성 된 로봇 그림은 물론 '기획의도의 통일'을 뜻한다. 그럼 통일되 지 않은 기획의도로 망한 편집은 어떤 걸까? 카메라 한 대로 찍 은 5분짜리 유튜브 콘텐츠마저, PD와 클라이언트가 다른 말을 한다. 스케일이 커질수록 사태는 더 심각해진다. 리얼리티 예 능 방송의 경우, 위 로봇 조립의 예시처럼 여러 명의 PD가 각자 10~15분의 분량을 맡아 편집하는데, 제정신인 사람이 거의 없 다. 어마어마한 촬영본의 바다에서 며칠 밤을 허우적대다 보면 정신마저 혼탁해지는 것이다. 결국 각자의 편집 분량에서 서로 다른 얘기를 한다. 이를 막기 위해 메인 PD와 메인 작가는 서브 PD들, 즉 선수들의 편집 영상을 체크하는 업무를 맡는다. 각 편 집 영상들이 하나의 '최종 이미지'를 향해 달려가고 있는지 체크 하고, 아니라면 돌이킬 수 없게 되기 전에 다시 길을 잡는 것이 다. 끔찍한 혼종이 태어나기 전에 미리 차단한다는 말이다. 이 를 게을리하거나 선수들을 너무 믿어버려 길이 크게 달라져버 리면 전면 재수정을 하게 되고, 이미 밤새운 선수들은 좌절한 다. 애초에 같은 등대의 불빛을 바라보고 달렸다면 전면 재수정까진 가지 않았을 텐데. 하지만 같은 등대의 불빛을 기준 삼았다고 해서 마음 놓긴 이르다. 같은 나침반 역시 가져야 한다. 기획의도에 대한 해석이 서로 미묘하게 다른 경우가 있어서다. 메인 PD가 나침반을 들며 "우리는 북쪽으로 간다. 통일하자." 했다 치자. "OK!" 외친 선수들의 생각을 보면 그들의 '북쪽'은 '북서, 북동, 북북서, 북북동' 일 경우가 있다. 이 경우에도 재편집이다. 안 믿기겠지만 현장에서 발생하는 대부분의 수정은 이렇게 첫 단추부터 잘못 껴서 발생한다. 경험을 말해보면

• 다른 등대의 불빛을 기준 삼은 경우(메인 PD와 메인 작가의 이견)

TV로 방송되는 드라마 OST 콘서트의 무대 LED 영상을 편집한 적이 있다. 가수가 노래를 부르면, 해당 드라마의 영상이 무대 LED에 상영되는 식이다. 메인 PD의 지시대로 편집했으나 전면 재수정을 했다. 이유는

• 메인 PD 가수가 노래를 부르는 동안, 드라마 기승전결을 압축해서 보여주고 싶어. 사람들이 드라마의 감동을 다시 한번 느낄 수 있게.
• 메인 작가 이건 쇼 무대다. 무대 분위기가 중요하다. 기승전결 따지지 말고 드라마 중요 장면이나 화려한 장면을 넣어서 가수와 무대를 살려야 한다.

이 케이스에선 메인 작가의 말이 타당하다. 메인 PD의 의도는 좋았지만, 시청자가 결국 뭘 볼 것인지 생각했어야 했다. 시청자는 TV를 통해 음악 방송처럼 컷으로 나뉜 쇼 무대를 본다. 무대 풀 샷이 아닌 이상 LED 영상은 잘려서 일부분만 보인다. 드라마의 기승전결을 담은 LED 영상을 처음부터 끝까지 온전히 보고 감동받는 건 현장 관객뿐이지, 대다수 시청자는 아닌 거다. 결국 죽어나는 건 선수인 나다.

• 다른 나침반을 가진 경우(메인 PD와 담당 PD의 이견)

'이소룡'을 추억하는 사람들에 관한 영상을 편집한 적이 있다. 전면 재수정의 이유는

• 담당 PD '이소룡'에 대한 추억을 말하는 사람들이다. 말할 때 이소룡 영화 장면이 들어가야 시청자도 추억에 빠지게 되지 않나요?
• 메인 PD 응, 아니야. 영화 장면 다 빼. 이건 이소룡을 추억하는 '사람들'이 주인공이다. 난 추억에 빠져서 말하는 저분들의 얼굴이 더 보고 싶은데?

'나침반의 방향은 이거니까 통일하자.'라고 편집 전에 말이라도 해줬으면 좋았을 걸. 결국 죽어나는 건 선수인 나다.

수정을 줄이는 방법

• 메인 PD와 담당 PD의 소통

대부분의 수정은 소통 부재로 생긴다. 현장에선 안타깝게도 기획의도에 관해 친절히 알려주는 메인 PD가 드물다. 기획의도가 통일될 때까지 기다릴 시간도 없다. 허나 목마른 자가 우물 판다고, 기획의도가 헷갈린다면 정확한 '최종 이미지'를 가진 메인 PD와 대화하길 바란다. 결국 수정으로 죽어나는 건 나니까. 그리고 메인 PD는 생각의 다양성을 존중해야 한다. "사실 네 말도 맞지만, 이 프로그램은 기획의도가 이렇단다." 담당 PD를 위해 기획의도를 정확히 잡아줘야 한다.

• 담당 PD의 자각

"아무래도 메인 PD가 말한 건 아닌 것 같아. 그게 무슨 재미야. 나는 이걸 살리겠어. 결과만 재밌으면 된 거 아냐?"라는 소신을 가진 PD들도 은근히 많다. 생각하자. 나는 여기 감독으로 온 것이다. 감독의 할 일은 많은 부분에서 정해진 기획의도를 이루기 위해 시청자를 몰입시키는 것이다. 기획의도를 바꾸고 싶거나, 자신이 전하고 싶은 메시지가 있다면 기획을 하자.

기획을 해서 클라이언트를 설득시키거나 자신의 유튜브 채널에 올리자.

• 정확한 분석을 통한 연출 전략

김태호 PD가 말했다. "세상에 나쁜 콘텐츠 아이디어는 없다. 단지 콘텐츠와 플랫폼의 궁합이 안 맞았을 뿐이다." 위의 드라마 OST 콘서트 기획의도는 '드라마 OST 공연을 통해 다시 드라마의 감동을 선사하자.'였다. 그래서 LED 영상도, 짧지만 드라마의 기승전결이 표현되면 감동을 줄 수 있겠다는 아이디어였고 나쁘지 않았다. 다만 TV 방송이라는 플랫폼을 생각하지 않았을 뿐이다. 중계 영상이 아닌 일반 공연이었다면 괜찮았을 텐데. 언제나 특정 플랫폼의 시청자는 무엇을 어떻게 보게 될까를 분석해서, 기획의도를 이루기 위한 연출 전략을 세워야 한다. 진짜, '사람'이 먼저다. PD도 작가도 출연자도 아닌 '시청자'가 먼저다. 그렇게 세운 연출 전략과 기획의도를 제작진들이 모두 공유하고 통일하자. 그래야 산다. 유념하자.

3줄 요약

제작 참여자가 2인 이상이라면, 반드시 기획의도를 통일해야 한다. 대부분의 수정은 기획의도가 통일되지 않은 상태에서 제작해 발생한다.

기획의도의 통일을 위해 가장 좋은 방법은, 기획 단계부터 PD 들이 참여하는 것이다. 기획의도를 이룰 '최종 이미지'를 함께 그려간다면 디테일한 부분까지 통일이 된다. 그런 상황이 아니 라면, 기획안.대본.콘티를 바탕으로 대화를 통해 기획의도를 통 일시켜 나가는 수밖에 없다.

07

번아웃을 피하는 방법 1
촬영 일지

촬영이 끝났고, 기획의도까지 모두 통일했다. 그래도 아직 편집을 시작하진 말자. 주화입마에 빠질 수 있다. 대신 먼저 펜을 잡고 편집하자. 일단 편집하려면 누구나 하는 일, 촬영 내용을 파악해야 한다. 그런데 〈삼시세끼〉처럼 카메라 20~30대로 찍었으면 어떡하지? 게다가 A팀, B팀 나눠서 찍었는데? 그것도 며칠을 찍었으면 어떡하지? 그걸 다 봐야 하나? 가슴이 갑갑해진다. 하지만 결국 촬영본을 다 뒤져보게 된, 리얼리티 예능 방송 편집 과정은 이렇다.

- **회차 구분** 촬영 기간이나 장소, 사건을 기준으로 회차당 촬영 분량을 대략 나눈다.
- **1차(순서) 편집** 한 회차의 각자 분량을 맡아, 촬영 순서대로 단순 편집한다.
- **2차 편집** 장면 삭제, 보완, 순서 교체 등 구성을 잡아 편집한다.
- **종합편집** 자막, CG, 색보정, 음악 등 마스터링 작업한다.

1차 편집은 순서 편집이라고도 불린다. 촬영 순서대로 NG 컷을 걷어내며 컷을 나누는 단순 편집이다. 이 과정에서 PD는 자신이 맡은 분량의 모든 촬영본을 봐야 한다. 왜? 어떤 사건들이 일어났는지 순서대로 파악하기 위해서다. 이렇게 나온 1시간짜리 프로그램의 1차 편집본 분량이 5시간을 넘은 적도 있었다! 촬영본이 어마어마하면 1차 편집에서부터 PD들이 녹초가 되곤 한다. 그래서 요즘에 제작비 많은 프로그램들은 1차 편집만 전문적으로 하는 외주 편집팀에게 맡기기도 한다. 그 후 2차 편집은 1차 편집본을 가지고, 의도와 몰입을 위한 수정을 하며 방송 분량을 맞추는 작업이다.

2014년에 브라질 월드컵과 관련된 리얼리티 예능 방송에 참여해, 브라질에서 2주간 촬영한 적이 있었다. 출연자들이 두 세 팀으로 나뉘어 동시 촬영하는 일이 많았고, 최소 4대 이상의 카메라가 계속 돌아갔다. 편집 생각을 하면 아찔했다. '적어놔야겠다⋯.' 언제, 어디서, 누구에게, 어떤 에피소드가 있었는지 매일 밤 촬영 일지를 작성했다. 그럼 촬영본을 훑지 않더라도 순서대로 어떤 사건들이 일어났는지 전체 흐름을 알 수 있으리라. 그 사건들의 리스트에서 중요 사건들만 뽑아 대략적인 구성을 할 수 있으리라. 그렇게 구성된 사건들의 촬영본만 우선 보면 되리라! 그런데 못했다. 다들 그런 글보다는 모든 사건이 들어있는 1차 편집본을 보길 원했다. 결국 난 모든 촬영본을 다 봤고, 번 아웃이 왔다.

편집 전 아웃라인 작성(대략적 편집 구성)을 위해 사건들의 리스트를 만든다. 이게 내가 촬영 일지를 적는 이유다. 그리고 그건 결국 나를 위한 일이다. 3일 후에 모든 촬영이 끝나니까 그때 적어야지. 빙글빙글 정신없이 돌아가는 촬영장에선 어제 일도 기억이 안 난다. 그래서 촬영이 끝나고 녹초가 돼도 적는다. 밤새 편집실에서 촬영본을 모두 보는 피곤함이 더 끔찍하니까. 안구가 빠질듯해, 열정으로 시작했어도 1차 편집이 끝나면 번아웃이 됐다. 기획의도와 몰입을 이루기 위한 2차 편집이라는 가장 중요한 과정이 남았는데도, 그 전에 상태가 메롱이 돼버린다. 이게 뭔 짓이야…. 편집 과정에선 에너지가 적절히 분배돼야 한다. 이를 위해 촬영 일지에 적힌 사건들 중 기획의도를 이룰 중요 사건들만 봐도 된다. "그러다 분량 안 나오는 거 아니에요?" 걱정 마라. 차고 넘친다. 중요 사건들만 붙여도 1차 편집본이 몇 시간은 나온다. "그러다 재밌는 장면 다 놓치는 거 아니에요?" 걱정 마라. 괜한 미련이다. 기획의도를 벗어난 장면에서 재밌는 상황이 있다 해도 사족일 뿐이다. 맥을 끊어서, 방송 분량이 넘쳐서, 그럴 때 가장 먼저 날려버리는 것들이다. 방송 분량이 모자랄 때 찾아서 넣어도 늦지 않다. 걱정 붙들어매고 촬영 일지를 보고 기획의도를 이룰 중요 사건들을 추려나가자. 그래야 그 사건들로 아웃라인을 작성할 수 있게 되고, 그제야 촬영 일지는 본분을 다 하고 '나쁘지 않았다.'며 웃으며 떠날 수 있는 것이다. 촬영 일지의 존재 이유는 아웃라인이다. '내일의 내가 하겠지…'라는 마음으로 전체 촬영본을 보고 아웃라인 작성을 하겠다면, 촬영 일지까지 적을 필요 전혀 없다. 에너지가 넘치는 사람들도 마찬가지다. 사실 아웃라인은 촬영본을 모두 보고 작성하는 게 베스트다. 촬영 일지는 그저 여리고 약한 분들을 위한 팁일뿐이니, 참고하시길.

3줄 요약

전체 촬영본을 보면서 아웃라인을 작성하거나 1차 편집을 하지 않으려면, '촬영 일지' 작성을 추천한다. 촬영 일지를 보고 기획의도를 이룰 중요 사건들만 추리면 된다.

> **TIP**
>
> 언제, 어디서, 어떤 출연자에게 어떤 사건이 있었는지, 특이사항은 뭐였는지, 내가 알아보게끔만 종이나 핸드폰에 아주 간단히만 쓰면 된다. 그 정도만 봐도 현장 상황은 다 기억난다.

08

번아웃을 피하는 방법 2
아웃라인

    컴퓨터를 켜고 편집을 시작하기 전, 우리는 촬영 내용을 파악해 사건들의 리스트를 만들었다. 이 리스트로 이야기를 만들어 볼 참이다. 물론 아직 펜을 잡고 편집한다.

'아웃라인', 이야기의 뼈대를 세운다

    '아웃라인'은 기획의도 실현에 필요한 장면들로 구성한 러프한 편집 구성이다. 편집 전 아웃라인을 작성하면 기획의도 실현에 필요한 장면들로 편집을 제대로 하고 있는 건지 걱정할 필요가 없어진다. 밤을 새워 머리가 돌아가지 않아도 아웃라인이라는 편집 구성안이 있으니 보면서 체크하면 될 일이다. 이 아웃라인은 기획의도를 이룰 이야기의 흐름을 정리한 계획일 뿐 지켜야 할 형식이 없고, 문장이나 그림, 표 또는 단어로만 표현할 수도 있다. 그저 편집하는 내가 알아보면 될 일이다. 또한 처음부터 완벽할 필요도 없다. 다음 글을 보자.

처음부터 완벽한 아웃라인을 잡는 것은 아니다. 일단 스토리의 큰 뼈대만으로 된 아웃라인을 만든 다음 실제로 신을 써나가기에 앞서 조금씩 조금씩 디테일을 갖다 붙이는 것이다.

- D.하워드·E.마블리, 『시나리오 가이드』, 심산 옮김, 한겨레출판, 1999, P.130

〈무한도전-마지막 1분〉에서, 스토리의 뼈대를 만들고 디테일을 갖다 붙인 과정을 살펴보자.

<무한도전-마지막 1분> (138회~140회, 김태호, MBC, 2009)
기획의도 "대한민국 평균 이하 남자들의 봅슬레이 도전을 통해 웃음과 감동을 주자!"

• 스토리의 큰 뼈대, 138회~140회 전체 아웃라인
1️⃣ **기** 멤버들은 봅슬레이 국가대표 선발전 참가를 위해 일본으로 간다(동기부여).
2️⃣ **승** 멤버들은 봅슬레이 훈련을 한다(장애물들과 극복).
3️⃣ **전** 훈련 중 전진, 형돈이 부상을 입는다(끝판왕 장애물).
4️⃣ **결** 부상 멤버를 대신해 재석, 명수, 준하가 완주한다(끝판왕 장애물의 극복).

처음에는 가장 굵직한, 프로그램의 전체 뼈대를 세운다. 이제 전달하고 싶은 내용과 시청자에게 끌어내고 싶은 감정을 생각

해보자. 내가 138회, 기(起) 부분의 편집을 맡았다고 치자. 또 기(起) 부분의 뼈대를 세워본다.

- 디테일, 기(起) 부분 아웃라인

멤버들은 봅슬레이 국가대표 선발전 참가를 위해 일본으로 간다.

1 **전하고 싶은 내용 :** 도전에 대한 멤버들의 동기 부여

2 **시청자에게 끌어내고 싶은 감정 :** 멤버들이 봅슬레이 도전을 한다고? 못 믿겠는데? 뭐! 국가대표 선발전?! 그것까진 무리 아닌가? 어! 멤버들 점점 봅슬레이에 관심을 갖네? 진짜 해보려고 하나 본데? 어떻게 될까?

 # 장면 1 (기) | 홍철이 멤버들에게 봅슬레이 도전을 제안하고 멤버들은 우리가 할 수 있겠냐며 반발한다.

key point 우리가 무슨 봅슬레이냐? 말이 되냐?

작위적이긴 하지만 시청자는 오프닝의 거의 모든 것을 용서한다. 돌+아이의 캐릭터를 살려 엉뚱한 도전을 제안하고, 멤버들은 말도 안 된다는 반응을 보인다. 농담처럼 제안하는 이 장면은, 점점 판이 커지며 진지해지는 뒷부분과 대비된다. PD들이 각각 나눠 편집했던 기승전결 부분을 합치면, 장난 같은 이 시작이 어려움을 극복한 결(結) 부분과 대비돼 감동을 끌어낼

것이다.

 # 장면 2 (승) | 아직 도전에 반신반의하는 멤버들. 일단 열악하고 우스꽝스러운 훈련을 해보면서, 봅슬레이에 대한 재미를 찾고 도전하기로 한다.

key point 봅슬레이⋯. 재밌는데? 해보자!

시청자는 오프닝의 거의 모든 것을 용서하지만 그다음부터는 용서하지 않는다. 동기가 없으면 이런 생각이 든다. "대체 저 힘든 걸 왜 하는 거지?" 멤버들의 감정은 아직 '도전할 수 없어.' 여기서 바로 일본에 가서 국가대표 선발전을 치르게 된다면 이런 생각이 든다. "도전을 원하지도 않는데 저 힘든 걸 대체 왜 하는 거지?" 일단 이런 생각이 들면 뒤에 어떤 사건들을 붙여도 집중하기 힘들다. 무한도전은 동기 없이 도전하는 '무모한 도전'에서 출발해 웃음을 줬지만, 봅슬레이 특집은 감동도 줘야 한다. 제작진이 시킨다고 그저 하는 멤버들에게 시청자가 감동까지 받을까? 감동을 받으려면 이야기에 몰입이 돼야 하고, 몰입이 되려면 멤버들에게 공감이 돼야 하고, 공감이 되려면 시청자가 이해할 만한 동기가 있어야 한다. 앞으로 어렵고 힘든 과정을 한몸, 한 마음으로 이겨낼, 멤버들을 끌고 갈 불씨이자 연료, '도전하겠다는 의지'를 보여줘야 한다. 그 시작으로 무도는 우스꽝스럽고 열악한 훈련 장면을 골랐다. 우스꽝스러운 훈련에도 무서

방송 연출 기본기 PD 지망생과 입문자를 위한 현장 지침서

위하는 평균 이하의 남자들을 보여줘서 웃음을 끌어냈다(기획
의도를 이뤘다). 동시에 훈련 장면을 통해 당시 국내에 봅슬레
이 연습 경기장이 없다는 열악한 현실도 보여줬다. 물론 가장
큰 성과는 멤버 모두에게 "봅슬레이 재밌구나! 한번 해보자!"라
는 불씨를 지핀 것이다. 앞으로 시청자를 몰입시킬 발판을 만들
었다.

 # 장면 3 (전) | 멤버들이 일본에서의 국가대표 선발전에 참가한다는 말
을 듣는다. 멤버들은 충격을 받지만, 국가대표가 하는 열악한 훈련을 하면
서 도전해보자 한다.

key point 뭐! 국가대표 선발? 까짓것 해보자!

무도는 '국가대표 선발전 참가' 소식을 듣는 장면, 실제 선수
들의 훈련을 해보는 장면을 골랐다. 국가대표 코치의 입을 통해
'국가대표 선발전 참가' 소식을 전하면서, 시청자가 이를 사실이
라고 믿게 만들고 판을 키웠다. 하지만 이미 전 장면에서 동기
부여가 됐기 때문에, 멤버들은 '그래, 한번 해보자!'라고 한다. 하
겠다는 멤버들의 의지와 국가대표 선수들의 열악한 실제 훈련
까지 즐겁게 임하는 멤버들의 모습을 보면서 시청자는 고개를
끄덕이게 된다. "멤버들이 많이 부족하지만 의지는 있구나. 혹
시 알아? 좋은 성적을 낼지?"

 # 장면 4 (결) | 일본에서의 첫 실제 썰매 경험을 보여준다.

촬영 순서로는 〈무한도전-마지막 1분〉 2편 오프닝인 인천공항 출국 장면이 붙어야 한다. 하지만 무도는 멤버들이 일본에서 처음 실제 썰매를 탄 장면을 붙였다. 한국에서 멤버들이 즐겁게 훈련하는 장면 다음에 일본에서의 훈련 장면을 붙여 대비시킨 것이다. 이 대비는 실제 훈련 장면이 어마무시하게 느껴지도록 한다. 또한 멤버들의 고통받는 모습을 보면서 시청자들은 이런 생각을 하게 된다. "역시 실전은 장난이 아니구나. 멤버들이 완주는 할 수 있을까? 다음 주가 궁금하다."

실제 〈무한도전-마지막 1분〉에서는 기(起) 부분이 한 편으로 다뤄지고 있고, 한 시간 내내 '도전에 대한 멤버들의 동기부여'가 키포인트로 다뤄지고 있다. 그리고 시청자 몰입을 위해 기(起) 부분을 또 기승전결로 구성해서 연출했다. 〈무한도전-마지막 1분〉 1편(138회)을 보면 냉동창고나 드럼통 속에서의 훈련 등 웃음을 자아내는 장면들이 더 붙어있다. 그래도 뼈대가 있기 때문에 디테일을 갖다 붙여도 길을 잃지 않았다.

◆◆◆

아웃라인 없이 촬영이 끝나면 바로 편집을 할 때가 있었다. '최종 이미지'도 없이 전체적으로 어떤 이야기가 될지도 모른 채, 촬영한 순서대로 재밌다고 생각하는 부분은 살리고 아닌 건 버렸다. 그렇게 되면 자연스레 내가 꽂힌 장면만 집중해서 편집하게 되고, 영상이 무슨 말을 하려는지 갈팡질팡하게 된다. 전면 재수정이다. 밤새워 편집한 장면들은 엄청나게 날아가고, 버렸던 부분은 다시 들어간다. 이제는 모두 알다시피 나 혼자 재밌다고 기획의도 실현에 필요도 없는 장면들을 편집해서다. 마지막으로 『시나리오 가이드』에 있는 문장을 조금 바꿔 적겠다. "아웃라인이 확고해야 PD가 길을 잃지 않는다. 각각의 신들을 좀 더 자유롭게 편집할 수 있도록 해주고 작은 범위의 다양한 궤도 수정도 가능하게 해주는 것이 바로 아웃라인이다."[D.하워드·E.마블리, 『시나리오 가이드』, 심산 옮김, 한겨레출판, 1999, P.131]

그렇다면 아웃라인이라는 뼈대는 어떻게 세우는 게 좋을까? 다음 편부터는 시청자를 몰입시키는 세상에서 가장 유명한 방법에 관해 정리해 보겠다.

3줄 요약

아웃라인은 기획의도 실현에 필요한 장면들로 구성한 러프한 편집 계획이다. 기획의도 실현에 필요한 장면을 편집 중인지, 제대로 편집되고 있는지 파악할 수 있다.

기획의도를 이룰 사건들을 선별해 포스트잇 한 장에 한 사건씩 적은 후, 이리저리 붙여가며 전개 순서를 잡아나가는 게 편했다. 전개 순서가 잡혔다면 각 장면에서 드러내야 할 내용들을 또 포스트잇에 적어 모니터 구석에 붙였다. 놓친 부분이 없는지 체크하며 편집하기 위함이었다.

09

이건 좀 외우자
영상 스토리텔링 1

    시청자 스스로 질문을 던지고 해답을 찾도록 만드는, 즉 시청자를 몰입시키는 세상에서 가장 유명하고, 강력하고, 자주 쓰이는 방법은 딱 한 줄로 설명된다.

누군가가 어떤 일을 하려고 대단히 노력하는데 그것을 성취하기는 매우 어렵다.

- 프랭크 대니얼 : D.하워드·E.마블리, 『시나리오 가이드』, 심산 옮김, 한겨레출판, 1999, P.43

    나는 어릴 적 SBS 〈특명 아빠의 도전〉이란 프로그램을 참 좋아했다. 아빠들이 미션에 도전해서 성공하면 가족들이 원하는 상품을 타는 내용이다. 20년 전 방송인데 아직도 기억난다. 이제야 왜 그렇게 재밌었는지 알겠다. '아빠들이 미션에 성공하려고 대단히 노력하는데 성취하기가 매우 어려워서'였다. 아래 글은 이야기의 흐름을 조금 더 길게 설명했다.

만약 관객이 '누군가'와 감정이입을 하고 있는데, 그 누군가는 무엇인가를 하려고 노력하고 있고, 그 무엇인가를 성취하기가 매우 어렵다면, 스토리는 제대로 되어가고 있는 것이다.

- D.하워드·E.마블리, 『시나리오 가이드』, 심산 옮김, 한겨레출판, 1999, P.43

이렇게 편집하자. 첫째, 시청자가 출연자에게 감정이입할 수 있도록 편집한다. 둘째, 출연자가 무엇인가를 하려고 노력하는 모습을 보여주도록 편집한다. 셋째, 그 과정에서 실패하거나 어렵게 성공하는 모습을 보여주도록 편집한다. 그렇다면 시청자를 몰입시킬 제대로 된 이야기로 편집하고 있는 것이다. 어떤 이야기들이 그렇게 만들어졌을까?

• <흑백요리사: 요리 계급 전쟁>, 넷플릭스
재야의 고수 '흑수저' 셰프들과 스타 셰프 '백수저'들이 최후의 1인이 되기 위해, 수많은 요리 대결을 수행하며 생존하려고 노력한다. 누가 최후의 1인이 될까?

• <피지컬: 100>, 넷플릭스
최강 피지컬이라 자부하는 100인이 최고의 '몸'이 되기 위해, 수많은 신체 능력 대결을 수행하며 생존하려고 노력한다. 누가 최고의 '몸'이 될까?

• <무한도전-마지막 1분>, 138회~140회, 김태호, MBC, 2009
멤버들이 봅슬레이 국가대표 선발전에 참여한다. 타는 것조차 어렵고, 멤버들은 노력하지만 부상까지 겹쳤다. 완주할 수 있을까?

• <무한도전-돈가방을 갖고 튀어라>, 110회~112회, 김태호, MBC, 2008

멤버들이 300만 원이 든 돈가방을 찾는다. 서로 자기가 돈가방을 갖기 위해 추격하고, 동맹 맺고 배신하며 노력하지만 제한시간까지 돈가방을 지키고 있기는 어렵다. 누가 승자가 될까?

• <1박 2일, 전 스태프 야외취침>, 109회~110회, 나영석, KBS, 2009

멤버들이 스태프와 야외취침을 걸고 대결한다. 첫 경기는 멤버들의 역전패, 하지만 멤버들은 야외취침을 피하기 위해 나머지 두 경기에 사활을 거는데! 누가 야외취침을 하게 될까?

• <복면가왕>, MBC

출연자가 가왕이 되기 위해 노래 부르고, 판정받으며 노력한다. 하지만 가왕이 되는 건 많은 관문이 남아있고, 끝판왕 가왕과의 대결까지 있어 어렵다. 가왕이 될 수 있을까?

• <백종원의 골목식당>, SBS

출연자는 대박 가게를 꿈꾼다. 백종원의 가르침대로 노력하지만, 자신의 고집, 게으름 등 여러 가지 장애물 때문에 어렵다. 과연 대박 가게로 거듭날 수 있을까?

• <그것이 알고 싶다>, SBS

제작진이 어떤 사건의 진실을 알고자 한다. 취재하며 매번 벽에 부딪히지만, 전문가를 만나고 실험하고 제보를 받으며 노력한다. 사건은 왜 어떻게 일어난 걸까? 과연 진실을 알 수 있을까?

• <생활의 달인>, SBS
출연자는 달인으로 인정받기 위해 여러 가지 테스트를 하며 노력한다. 달인으로 인정받을 수 있을까?

• <생생정보>, KBS
대박 맛집의 비밀을 찾아라! 그런데 맛의 비밀은 며느리도 모른다며 절대 안 가르쳐주는 사장님! 계속 따라다니면서 일도 도와주고, 비위도 맞추며 노력하는 PD. 드디어 사장님은 맛의 비밀을 알려주는데!

'누군가가 어떤 일을 하려고 대단히 노력하는데 그것을 성취하기는 매우 어렵다.' 영화·드라마는 물론, 예능·교양에서도, 길게는 몇 부작, 짧게는 5분가량의 콘텐츠에서도 장르를 가리지 않고 이런 이야기 구성이 사용된다. 예시들은 무수히 찾아낼 수 있다. 우리가 어릴 적 읽은 『춘향전』, 『신데렐라』 같은 고전에서부터, 몇 번을 봐도 질리지 않는 〈반지의 제왕〉까지도 그렇다. 주인공은 온갖 어려움을 뚫고, 결국 해낸다. 그 과정에 우리는 "주인공이 이 어려움을 이겨냈으면 좋겠어. 과연 이겨낼 수 있을까? 결국 원하는 걸 이룰 수 있을까?"라는 질문을 던진다. 시청자가 질문을 던질 수 있는 편집을 원한다면 이 구성이 아주

방송 연출 기본기 PD 지망생과 입문자를 위한 현장 지침서

성능 확실하다. 과거부터 현재도 미래까지 쓰일, 전 세계적으로 입증된 드라마틱한 스토리텔링 기법이다. 너무나 강력해서 이런 스토리텔링이 아닌 영상과 소설을 찾기가 힘들 정도다. 그래서 '기본'이나 '정석'으로 통한다. 하지만 절대 공식은 아니다. 시청자의 몰입을 위한 더 효과적인 방법이 있다면 변주될 수 있다. 그리고 변주를 하려면 기본을 알아야 한다. 어느 영상에든 적용할 수 있을 정도로 활용도가 높고, 게다가 단 한 줄로 설명될 정도로 간단하니 그냥 외우자. 다음 편부터는 이 스토리텔링의 필수요건, 출연자에 대한 '감정이입'에 대해 정리해 보겠다.

3줄 요약

'누군가 어떤 일을 하려고 대단히 노력하는데 그것을 성취하기는 매우 어렵다.' 외우자. 전 세계 사람들에게 통하는 최고의 스토리텔링이다.

사람 되게 해주세요
영상 스토리텔링 2

10

만약 관객이 '누군가'와 감정이입을 하고 있는데, 그 누군가는 무엇인가를 하려고 노력하고 있고, 그 무엇인가를 성취하기가 매우 어렵다면, 스토리는 제대로 되어가고 있는 것이다.

- D.하워드·E.마블리, 「시나리오 가이드」, 심산 옮김, 한겨레출판, 1999, P.43

   눈앞에서 부모가 살해당한 어린 브루스 웨인(배트맨)처럼, '가족, 연인, 친지의 복수' 같은 드라마틱한 사건이 있다면, 바로 출연자에게 감정이입 시킬 수 있다. 즉 드라마틱한 사건이 있다면, 그 사건은 감정이입의 훌륭한 시작이 된다. 하지만 애석하게도 우리의 촬영본에 그런 사건은 없을 확률이 높다. 인생은 그렇게 드라마틱하지 않으니까. 그래서 영상 스토리텔링의 기본을 따라 처음부터 차근차근 이야기를 구축해 나갈 필요가 있다. 몰입의 필수 요소, '감정이입'에 대해 알아보자.

감정이입을 원한다면, '사람'처럼 느끼게 하라

   시청자를 이야기에 몰입시키려면 출연자에 대한 '감정이입'

이 첫 번째다. 그렇다면 우선 감정이입에 관해 알아봐야겠다. 예술 작품을 대할 때 감정이입이란, 그것과 우리 자신을 동일시하는 것이라 한다.[이상섭(2001), 『문학비평 용어사전』, 민음사]

그렇다면 관객이 '누군가'와 감정이입 하고 있다는 건, 출연자와 우리 자신을 동일시한다는 말이다. 또 출연자가 실제 시청자와 유사성을 지닐 때 동일시 효과는 커진다고 한다.[나은영(2010), 『미디어 심리학』, 한나래]

여기까지가 감정이입에 대한 학문적 접근이었고, 우린 그냥 단순하게 기억하자. "너도? 나도!" 이런 반응이 나오면 감정이입 대성공이다. 그러려면 역시 비슷하게 느낄 뭔가가 있어야 한다. 대체 출연자와 나는 뭐가 비슷할까? 출연자도, 나도, 너도, 우리도 '사람'이란 사실만 같은데. 사람답게 밥 먹고 똥 싸는 컷을 붙이면 감정이입이 되려나? 그냥 호감만 조금 생기고 말 것 같다. 더 센 게 필요한데…. '사람'이라면 다들 뭘 하면서 살아갈까?

'행동', 출연자는 무엇인가를 하려고 노력해야 한다

너도 하고 나도 하고, 사람이라면 누구나 신체적이든 정신적이든 뭔가를 원하며 살아간다. 일단 출연자도 뭔가를 원해야 우리 같은 '사람'으로 느껴진다. 봅슬레이를 완주하고 싶든, 벌칙을 면하고 싶든, 가왕이 되고 싶든, 최후의 1인이 되고 싶든, 혼자 있고 싶든 뭔가를 원해야 '사람' 같다. 하지만 여기서 끝나버리면 밥 먹고 똥 싸는 것보단 낫지만, 감정이입하긴 애매하다. 원하는 거야 누구든 쉽게 하는 행동이기 때문이다. 보다 어려운 행동을 출연자도 해야 한다. 너도 하고 나도 하는 어려운 행동이 뭘까? 바로 '노력'이다. 원하는 것을 이루기 위해 뭔가를 하려고 애쓰는 것. 출연자도 여기까지는 해줘야 우리 같은 '사람'으로 느껴진다. 완주를 위해 봅슬레이 훈련을 하든(무한도전-마지막 1분), 벌칙을 면하기 위해 이름표를 뜯든(런닝맨), 가왕이 되기 위해 복면을 쓰고 노래하든(복면가왕), 최후의 1인이 되기 위해 요리 대결을 하든(흑백요리사), 혼자 있고 싶어 방문을 걸어 잠그든(영화 '김씨 표류기') 뭔가를 하려고 노력해야 한다. "현실에선 아무것도 안 하는 사람 많잖아요!"라고 한다면, 그건 '리얼 현실'이라 그렇다. '영상'은 아무것도 안 하는 리얼 현실의 사람에게도, 노력하는 출연자를 보며 대리만족을 느끼게 해줘야 한다. 그래야 영상에 몰입하고 기획의도를 이룰 수 있기 때문이다. 그리고 여기서 '사람'이라는 의미는 좋은 사람, 나쁜 사람을 모두 포함한다. 첫 등장부터 출연자 모두가 호감일 필요는 없다. 나쁜 사람으로 등장했어도 '착하게 살고 싶다'는 도덕적 갈등의 행동을 보여주면, 시청자는 친근함을 느낀다. 무슨 말이냐? 『슬램덩크』를 예로 들면, 정대만은 처음엔 비호감 문제아로 등장한다. 하지만 '범죄를 저지르고 싶다'가 아닌 '농구가 하고 싶다'라는 도덕적 갈등을 통해 극호감 불꽃남자 정대만으로 변한다. 다시 농구를 하고 싶지만 두렵기도 한, 2년간의 내적 갈등을 이겨낸 것이다. 정대만도 뭔가를 하려고 노력했다. 도덕적 갈등이 깊고 심할수록, 즉 고통받을수록 시청자는 같이 고민하며, 결국 그 출연자에게 더 빠져들게 된다. 이렇게 내적으로든 외적으로든 원하는 걸 이루기 위해 뭔가를 하는 출연자의 행동을 찾아 편집하는 것이 바로 감정이입을 위한 첫 번째 방법이다. 왜냐? 모든 시청자는 '노력'이란 행동이 힘들다는 걸, 이미 경험으로 뼈저리게 알고 있기 때문이다.

'동기', 출연자는 '왜' 무엇인가를 하려고 노력하는가?

이제 감정이입을 위해선 출연자가 뭔가를 하려고 노력해야 한다는 사실은 알겠다. 그래서 출연자가 애쓰는 행동들을 찾아 붙이면 시청자는 어김없이 이런 의문을 가진다. '왜 저래?' 출연자는 도대체 '왜' 무엇인가를 하려고 노력하는가? 이것이 '동기'다. 동기란 말은 범죄 사건을 통해 우리에게 익숙하다. SBS〈그것이 알고 싶다〉에서도 범죄 사건을 다룰 땐 동기를 중요하게 파헤친다. 동기가 없으면 범행이 이해가 안 가기 때문이다. 범행이 이해가 안 가는 것처럼, 출연자의 애쓰는 행동도 이해가 가지 않는다. '왜 저렇게까지 원하는 거지? 저렇게까지 하는 이유가 뭐야?' 게다가 동기 없는 범죄자는 사이코패스로 불린다. 사이코패스는 '사람'으로 느껴지지 않는다. 마찬가지로 동기 없는 행동을 하는 출연자도 '사람'으로 느껴지지 않는 것이다. 사람처럼 느껴지지도 않고, 이해도 안 가는 행동을 반복하는 출연자에게 감정이입할 수는 없다. 그래서 '동기'는 반드시 있어야 하고, 반드시 보여줘야 한다. 사건 전에 보여줘서 처음부터 출연자를 이해하고 지켜보게 만들든, 사건 후에 보여줘서 '왜 저러는 거야?'라는 궁금증을 풀리게 만들든, 어쨌든 반드시 보여줘야 한다. 가장 좋은 방법은 이야기를 진행시키는 사건 속에서 동기를 드러내는 행동을 찾아 보여주는 것이다. 분량도 줄이면서 강한 임팩트를 줄 수 있다. 그럴 수 없는 상황이라면, 이야기 전개와 상관없이 동기 설명만을 위한 부분을 따로 만들든, 인터뷰를 넣든, 내레이션을 넣든, 자막을 넣든 어떻게든 보여줘야 한다. 이건 어쩔 수 없다. 출연자를 미친놈으로 만들고 싶지 않다면 반드시 넣자. 유념하자. 영화 〈다크 나이트〉의 조커는 동기 없는 파괴적인 행동만을 일삼아 대혼돈의 미친놈이 됐다. 일반적인 출연자를 모두 조커처럼 만들 수는 없는 일이다. 역으로 출연자를 미친놈으로 만들어야 한다면 행동의 동기를 날려버리자. 시청자는 출연자가 왜 이런 행동을 하는지 알 수 없게 되고, 그래서 출연자를 욕하기 시작한다. 이슈나 노이즈 마케팅을 원한다면 동기를 날려버리는 것이 가장 쉽고, 빠르며, 효과적인 방법이다.

그렇다면 동기는 어떻게 보여줘야 할까? 동기는 행동의 '불씨'다. 동기라는 불씨가 있어야 출연자에게 불이 붙어 행동하게 된다. 그리고 불씨의 크기에 따라 출연자의 행동과 시청자의 이해심이 달라진다. 둘 다 폭력적이지만 영화 〈악마를 보았다〉에서 연인의 복수를 하려는 이병헌과 영화 〈나 홀로 집에〉에서 집을 지키려는 케빈의 행동이 다르듯 말이다. 만약 케빈이 이병헌처럼 도둑들을 족친다면, 시청자는 이해를 못 한다. '케빈 심하네. 저렇게까지 할 일인가…' 또한 불씨가 너무 커서 〈악마를 보았다〉의 이병헌처럼 이야기가 끝날 때까지 활활 타오르게 만들 수도 있지만, '불씨'라는 단어에서 느껴지듯 씨앗만한 작은 동기도 좋다. 어쨌든 불씨의 역할이란 불을 지르면 되는 것이고, 불은 점점 키우면 되는 것이다. 작은 동기로 시작된 가벼운 행동도 이야기를 전개시키면서 키우면 된다. 〈무한도전-마지막 1분〉을 생각해보자. 처음 멤버들은 봅슬레이 도전에 대해 반신반의했지만 '봅슬레이에 대한 재미'라는 작은 불씨를 지폈고, 훈련과 부상 등 장애물을 극복하면서 봅슬레이 완주를 해냈다. 이렇듯 작은 동기가 점점 발전해 큰 목표를 갖게 된 출연자를 통해선, 시청자를 뒤흔들만한 변화를 담아내기 쉽다. 처음엔 작았던 '동기'라는 캔버스를 점점 크게 펼치면서, 커지는 캔버스에 목표를 향한 출연자의 변화를 꽉 채울 수 있기 때문이다. 그래선지 작은 동기로부터의 시작은 성장물이나 로맨스물, 큰 동기로부터의 시작은 액션물이나 스릴러물에서 자주 쓰인다. 뭐가 됐든 늘 생각해야 할 건 '출연자의 동기가 현재의 행동을 설득할 수 있는가?'다. 〈무한도전-마지막 1분〉에서 힘든 훈련과 부상을 무릅쓰고 완주를 해내려는 행동들은, 봅슬레이를 시작했던 동기인 '재미'때문만은 아니다. 『슬램덩크』에서 강백호가 등 부상을 무릅쓰고 경기를 뛰려는 행동은, 농구를 시작했던 동기인 '채소연' 때문만은 아니다. 현재의 행동을 설득하기엔 이들의 초반 동기가 너무나 약하다. 발전돼서 커져버린 동기만이 이들의 현재 행동을 설득할 수 있는 것이다. 이처럼 동기의 변화가 크다면, 시청자에게 그 이유를 다시 한번 짚어줘야 한다. 발전된 동기를 드러내는 행동 혹은 인터뷰라도 붙여야 한다. 그게 없다면 무도 멤버들은 위험할 정도로 봅슬레이를 재밌어하는 아저씨들로, 강백호는 부상이고 나발이고 여자에 미친 부담스러운 변태 스토커로 기억될 것이다. 동기가 이렇게나 중요하다. 유념하자. 김태호 PD는 작은 불씨를 지피기 위해 〈무한도전-마지막 1분〉에서 한 편을 통째로 멤버들의 동기부여에 쏟아부었다.

나는 MBC 〈파이널 어드벤처〉의 연출을 맡았었다. 태국·사이판에서 익스트림 스포츠 레이스를 통해 우승자를 가리는 서바

이별 리얼리티 예능인데, 결과는 좋지 않았다. 지금 와서 생각하면 가장 큰 문제는 '동기'다. 출연자들은 누가 봐도 힘든 경주를 하고 있는데, 왜 저런 고생을 하고 있는지에 대한 동기가 너무 약했고, 중간에 키우지도 못했다. 그 결과, 시청자는 초반부터 감정이입을 하지 못했고, 그렇게 출연자들은 고생을 했지만 그들만의 레이스가 돼버렸다. 잘못됐다는 감만 있고 이유를 명확히 몰랐던, 보는 눈이 모자랐던 그때라 아쉽다. 이 글을 보는 여러분 모두 이제 그런 실패는 피할 수 있다. 출연자가 뭔가 하려고 노력하는 행동을 시청자에게 설득시키기만 하면 게임 끝이다.

3줄 요약

출연자에게 감정이입을 시키려면, 출연자가 뭔가를 하려고 노력하는 행동을 붙여야 하고, 왜 그 행동을 하는지 동기를 설명해야 한다.

> **TIP**
>
> 동기를 얼마나 설명해야 할지 알 방법은, 컷을 붙일 때마다 한 명의 시청자로서 매번 묻는 것이다. '이 사람이 왜 이런 행동을 하는지 이해가 되는가?' 안 되거나, 이상해 보이거나, 이해하고 싶지 않다면, 동기가 드러나는 행동이든 대사든 더 붙여야 한다.

아니 땐 굴뚝에 연기 내지 마라 11
영상 스토리텔링 3

A를 했다. 그래서 B라는 결과가 나왔다. B가 원인이 돼서 또 C라는 결과가 나왔다. 이렇게 원인과 결과가 있는 게 필연성이다. 개연성은 우리 인생에서 "만약 이런 상황이라면 이런 일이 생길 수도 있겠는걸?" 납득이 되는 것이다.

'필연성과 개연성', 아니 땐 굴뚝에 연기 내지 마라

시청자는 오프닝의 거의 모든 것을 관대하게 용서한다. 〈무한도전-좀비 특집 28년 후〉처럼 갑자기 좀비가 공격한다는, 실제 없을 일도 기꺼이 받아들이는 것이다. 지구나 혹은 우주 어딘가엔 좀비가 있을 수도 있으니까. 하지만 오프닝이 지나면 시청자는 깐깐해져서, 필연성과 개연성을 철저히 지켜야 한다. 좀비에게 잡히면 게임은 반드시 끝나야 하는 것이다. 박명수가 혼자 살아남기 위해 탈출구의 사다리를 치웠지만, 너무 두려우면 그럴 수도 있는 일이었고(개연성), 그 결과로 무도 멤버들이 초반부터 모두 좀비에게 잡혔다(필연성). 그 결과로 게임이 끝났다(필연성). 방송 분량도 안 나왔지만 필연성과 개연성을 모두 지

켰고, 멤버들을 되살리는 일 없이 그냥 끝냈다. 왜냐? 필연성과 개연성이 깨지면 이렇게 돼서다. "와~ 어디서 약을 팔아…. 어이없네!" 그 순간 출연자의 동기와 행동으로 공들여 쌓아 왔던 감정이입도 깨져버린다. 싱겁게 끝난 게임에 욕을 먹긴 했지만, 만약 분량 욕심에 멤버를 되살렸다면 더 큰 화를 부를 뻔했다. 다음 사례를 보자.

- **<더 지니어스2>, tvN**
<더 지니어스2>에서 금지된 룰은 '폭력'과 '절도'다. 은지원은 이두희의 신분증을 '절도'하고, 이두희를 탈락시킨다.

- **<나는 가수다>, MBC**
<나는 가수다>의 룰은 최하위 점수를 받은 가수가 탈락하는 것이다. 김건모의 탈락으로, 갑자기 없던 재도전의 룰이 생겼다.

감정이입이 깨진 걸 넘어서 위의 두 예는 시청자의 분노까지 불러왔다. 영상을 보는 시청자는 매우 똑똑하다. 이 장면이 잔꾀를 부리고 있는 건지 대번에 알아챈다. 이렇게 편집하자. 출연자가 원하는 것을 이루려는 행동과 그 동기를 필연성, 개연성 있게 붙여 나가자. '너무 졸리다. 말이 좀 안 되긴 하지만 이렇게 붙여도 시청자들은 모르겠지? 이해해 주겠지?' 어림없다. 많은

시청자가 이렇게 엄격하고 깐깐한 이유는 무엇일까? 그건 우리 인생의 사건, 사고들이 필연성과 개연성에 따라 일어나지만은 않아서 아닐까? 그래서 '매일 똑같이 굴러가는 하루'처럼 지루하고, '도대체 왜 이런 일이 나한테!' 절규할 만큼 억울해서 아닐까? 그래서 시청자는 귀한 시간을 투자해서 보는 콘텐츠에서까지 그런 모습을 보고 싶진 않은 것 아닐까? 속았다고 느껴지는 투자에 감정이입 따위는 없다.

'캐릭터', 출연자의 남들과 다른 뭔가

감정이입을 위한 마지막 방법은 캐릭터다. 다들 캐릭터란 말은 익숙할 것이다. 김태호 PD의 〈무한도전〉과 나영석 PD의 〈여행 시리즈〉로 예능에서 캐릭터가 필수처럼 됐기 때문이다. 물론 감정이입을 위한 중요 요소 중 하나지만, 예능이라면 당연히 캐릭터를 잡아야 한다면서 구성하기도 전에 캐릭터를 잡으려고 한다. 심지어는 출연자 미팅도 전에, 출연자가 실제 촬영에서 어떤 행동을 할지도 모른 채, 기획 단계부터 캐릭터를 잡아놓으려 한다. 그래서 출연자의 외모 같은 것들로 닉네임을 짓기도 하는데, 그건 캐릭터를 잡는 게 아니다. 많은 사람들이, 심지어 프로들도 혼동하고 있다. 다음 글을 보자.

키가 크다거나 작다거나, 뚱뚱하다거나 말랐다거나 (중략) 이런 것만으로 캐릭터의 내면세계가 드러날 수 있다고 생각하는 것은 자동차의 색깔만으로 그 안에 있는 엔진의 파워를 알 수 있다고 생각하는 것보다 더 어리석은 짓이다.

- D.하워드·E.마블리, 『시나리오 가이드』, 심산 옮김, 한겨레출판, 1999, P.107

출연자는 모두 원하는 걸 이루기 위해 행동하고 있다. 원하는 게 같을 수도 있지만, 사람이 다르다. 원하는 걸 이루기 위해 사람들은 저마다 다른 방법을 택해 행동한다. 이 행동의 특징을 파악해 닉네임을 붙이는 게 요즘 방송에서 말하는 캐릭터 잡기구나 생각하면 쉬울 것 같다. 예를 들어보자.

• 유재석 '유반장', <무한도전>, MBC

제멋대로인 멤버들을 통솔해서 매끄럽게 진행하길 원한다. 그리고 대부분의 멤버가 유재석을 따라서, 결정권을 행사할 때가 많다. 이런 유재석의 행동을 '반장'으로 표현했다.

• 박명수 '거성, 악마의 아들', <무한도전>, MBC

다른 멤버들이 비웃어도 스스로를 대스타라고 생각하고, 대스타처럼 호통친다. 이런 행동을 '거성'으로 표현했다. 또 어떤 목표를 성취하기 위해 서슴없이 양심 없는 행동과 막말을 하기도 한다. 이를 '악마의 아들'로 표현했다.

• 노홍철 '돌+아이, 사기꾼', <무한도전>, MBC

어떤 목표를 성취하기 위해서 비상식적이며, 배신과 거짓말을 일삼는 행동을 한다. 이를 '돌+아이, 사기꾼'으로 표현했다.

• 이순재 '직진 순재', <꽃보다 할배>, tvN

즐거운 여행을 위해 더 많이 보고 더 많은 곳을 가길 원한다. 적극적이고 의욕이 넘쳐 유독 빨리 걷는 행동을 보인다. 이를 '직진 순재'라고 표현했다.

• 유희열 '유희견', <꽃보다 청춘>, tvN

즐거운 여행을 위해 어디를 가든 여기저기 잘 돌아다니고 아무거나 잘 먹고 잘 자는 등 완벽 적응의 행동을 보인다. 이를 '개' 같다. '유희견(犬)'이라고 표현했다.

캐릭터라는 게 제대로 잡히면 영상 초반부터 출연자를 더욱 친근히 느끼게끔 만든다. 진짜 우리 주변에 살고 있는 사람처럼 여기게 되는 것이다. 감정이입이 쉬워져서 개연성까지 생긴다. 마치 친구가 말도 안 되는 일을 저질렀는데도 "걔 내 친군데, 그럴 수 있어! 이해가 가!"라며 넘어가는 것처럼, 출연자가 뭔 짓을 해도 영상을 끄지 않게 되는 것이다. 다만 제대로 잡힌다면 말이다.

캐릭터를 제대로 잡으려면 우선 출연자가 원하는 것을 확실히 해야 한다. 그다음에야 원하는 것을 이루려는 행동의 특징을 캐치할 수 있다. 행동의 특징을 캐치한다는 건 '보통 사람들과 다른 점'을 찾는다는 뜻이다. 찾았다면 그 행동을 '일관성' 있게 붙여야 한다. 예를 들어 tvN 〈꽃보다 할배〉에서 이순재는 즐거운 여행을 원하고, 그에게 즐거운 여행은 더 많은 곳을 가고 보는 것이다. 이를 위해 (보통 사람들과 달리) 남들보다 유독 빨리 걷는 행동을 보인다. 이 특징을 '직진 순재'로 캐릭터화 시키고 싶다면, 빨리 걷는 장면들은 물론이고 여행에 적극적이고 의욕이 넘치는 모습만을 찾아 붙이자. 소극적이고 의욕 없는 모습이 있다면 빼야 한다. '이순재 할배는 도대체 뭐야? 직진이야 후진이야?' 시청자가 혼란에 빠지니까. 다만 그 모습이 기획의도를 이루는 데 필요하다면 붙여도 좋다. 의욕 없는 모습의 이유가 감기라면, 노년의 현실적인 문제를 다룰 수도 있기 때문이다. 언제나 기획의도가 먼저다. 다음 글도 보자.

성격묘사의 핵심은 캐릭터의 내면세계를 드러나게 하는 것이다. 관객은 목표의 추구를 위한 그들의 행동을 바라보면서 캐릭터의 내면세계를 이해하게 된다.

- D.하워드·E.마블리, 『시나리오 가이드』, 심산 옮김, 한겨레출판, 1999, P.109

캐릭터는 초반 출연자에게 쉽게 감정이입할 수 있도록 돕지만, 최종 목표는 출연자의 내면을 이해할 수 있도록 만드는 것이다. 우리는 tvN 〈꽃보다 할배〉에서 '직진 순재'라는 캐릭터를 통해 이순재가 나이가 가장 많음에도 내면은 '적극적이고 의욕이 넘치는 청춘'임을 이해하게 된다. 결국 캐릭터 잡는 편집이란, 출연자가 원하는 것을 이루기 위한 행동 중 같은 의미의 장면을 일관성 있게 붙여, 출연자의 내면이 드러나도록 만드는 것이다.

영화나 드라마는 한 사람의 분명한 주인공이 있는 경우가 많다. 출연자에 대한 감정이입과 이야기 몰입을 쉽고 강렬하게 만들기 때문이다. 예능에서도 〈유재석의 놀면 뭐하니〉(초창기), 〈김병만의 정글의 법칙〉 등 주인공을 내세운 프로그램들이 많지만, 요즘은 여러 출연자가 나오는 경우가 많다. 이때는 출연자 각각의 캐릭터를 보여주려고 애쓰는데, 시청자는 자신의 성향에 맞는 출연자를 찾아 감정이입하게 된다. 대략 '뭘 좋아할지 몰라서 다 준비해봤어. 그러니 즐겨줘.'라는 거다. 〈무한도전〉과 〈1박 2일〉 이후의 예능들이 그렇다. 하지만 주인공이 있는 것과 여러 멤버가 있는 것, 각각의 장단점이 있다. 그러니 '요즘 다들 그러니까 출연자를 많이 섭외해야지.'라기보다는, '기획의도'를 살리려면 어떤 방법이 효과적일까를 생각해 보자. 만약 어떤 일을 성취하기 위해서 한두 명의 출연자가 애쓰는 것이 효과적인데, 많은 출연자를 섭외해 연출했다면 '도떼기시장'처럼 산만

방송 연출 기본기 PD 지망생과 입문자를 위한 현장 지침서

해질 가능성이 높다. 어렵게 출연자를 섭외해 편집에서 완전히 버릴 수도 없는 노릇이라, 편집 과정에서 고통받게 될 것이다.

3줄 요약

출연자에게 감정이입을 시키려면, 보통 사람들과 다른 점이 드러나는 출연자의 행동을 일관성 있게 붙이자. 그게 캐릭터다. 다만 모든 장면과 사건은 필연성과 개연성이 있어야 한다. 일단 이야기는 말이 돼야 하니까.

> **TIP**
>
> 필연성과 개연성을 지키는 방법은, 컷을 붙일 때마다 한 명의 시청자로서 매번 묻는 것이다. '이게 말이 되냐?' 조금이라도 말이 안 된다면 말이 되게 바꾸거나, 바로 다음이든 어디든, 말이 안 됐던 이유를 설명해야 한다.

인생에 장애물이 너무 많다
영상 스토리텔링 4

12

*만약 관객이 '누군가'와 감정이입을 하고 있는데, 그 누군가는 무엇인가를 하려고 노력하고 있고, **그 무엇인가를 성취하기가 매우 어렵다면**, 스토리는 제대로 되어가고 있는 것이다.*

- D.하워드·E.마블리, 「시나리오 가이드」, 심산 옮김, 한겨레출판, 1999, P.43

이번에는 '그 무엇인가를 성취하기가 매우 어렵다면'이란 문장을 살펴보려고 한다. 어떻게 출연자가 하고자 하는 일을 매우 어렵게 만들 수 있을까? 이걸 이제부터 '갈등'이라고 부르자. '갈등'이라고 하면 많은 사람들이 싸우는 걸 생각한다. 누군가와 치고받고, 말싸움하고, 시시때때로 나타나 방해하고. 물론 전부 갈등이다. 명확히 상대방이 있는, 누가 봐도 갈등인 상황. 하지만 상대방이 없는 갈등도 있다. 다음을 보자.

- **<런닝맨> 이광수** │ 혼자 우승하고 싶은데. 배신할까? 말까? '선택의 갈등'
- **<정글의 법칙> 김병만** │ 여기서 생존해야 하는데 너무 위험하다.
  '자연과의 갈등'
- **<놀면 뭐하니> 유재석** │ 하프 너무 어렵다. 할 수 있을까? '상황과의 갈등'

이래저래 이름 붙이기 나름이지만, 우리 인생에서도 '사람과의 갈등' 보다 더 많은 것이 이런 갈등이다. 한마디로 정리하면 갈등은 '무엇인가를 성취하려고 하는데 나타난 장애물'이다. 장애물은 출연자의 성취를 어렵게 만든다면 외적이든 내적이든 뭐든지 될 수 있고 이야기를 전진시킨다. 〈무한도전-돈가방을 갖고 튀어라〉를 보자. 미션은 마지막까지 진짜 돈가방을 가진 멤버가 300만 원을 갖는 것. 멤버들 모두 '자신이 300만 원을 갖겠다!'란 동기를 갖게 된다. 그 후, 박명수와 노홍철 동맹은 진짜 돈가방을 찾아낸다. 하지만 그들이 성취하려고 하는 것은 결국 '자신만 돈을 갖는 것'이다. 그래서 둘은 서로에게 장애물, 갈등 요소가 된다. 이 갈등 요소는 노홍철이 혼자 돈가방을 가지고 튀는 행동을 하게 만든다. 그래서 박명수가 노홍철을 추격하는 장면이 붙는다. 그래서 우여곡절 끝에 노홍철이 박명수에게 잡히는 레전드 명장면이 탄생한다. 생각해 보자. 박명수와 노홍철이 아무 갈등 없이, 돈을 둘이서 반반 나누고 끝냈다면 명장면은 탄생하지 않았을 것이다. 이처럼 '자신이 300만 원을 갖겠다!'란 동기는 멤버들을 행동하게 만들고, 그런 멤버들 간의 갈등은 매 장면 레전드를 쏟아내며 이야기를 전진시킨다. 그리고 이 갈등 행동은 '그래서 ~했다'(노홍철이 돈가방을 갖고 튀어서 박명수가 추격했다). 바로 원인과 결과, 필연성과 개연성 있게 이어 붙여야 한다. 갈등도 일단은 말이 돼야 하니까. 말이 안 되면 시청자는 어이가 털려 바로 떠난다.

'갈등', 몰입의 필살기

"이 세상엔 갈등이 너무 많아서 지쳤어. 난 〈삼시세끼〉나 〈바퀴 달린 집〉 같은 갈등 없는 힐링 콘텐츠만 볼 거야."라고 하지만 잘못 짚었다. 그런 힐링 콘텐츠들도 갈등이 있다. 자연 속에서의 힐링이 목적인 두 콘텐츠에서도, 낚시가 안 되는 '바다'와 보일러가 고장 나버린 '캠핑카'가 장애물이다. 〈꽃보다 청춘〉이나 〈윤식당〉에서도 길을 잃어버리거나, 단체 손님이 오는 장애물이 있다. 목적의 성취를 방해하는 갈등이, 추격전이나 추리물처럼 이야기 전체를 끌고 가느냐, 힐링 예능처럼 간간이 드러나느냐 정도의 차이지 갈등이 없는 예능은 찾기 힘들다.

왜 그럴까. 시청자를 몰입시키는 데는 '갈등'만한 게 없어서다. 감정이입하게 된 출연자가 뭔가에 실패하거나 못하면 애가탄다. '참바다 유해진이 생선 좀 낚아야 밥도 해 먹을 텐데 낚을 수 있을까?', '영하 12도인데 보일러가 고장 났네. 추운데 어떻게 캠핑할까?', '늙으신 분들이 길까지 잃어버렸네. 잘 찾아가실 수 있을까? 어떻게 찾을까? 잘 찾아갔으면 좋겠다!' 성공을 기원하며 다음 장면을 기다리며 몰입한다. '갈등'이 어쩌다 몰입의 필살기가 됐을까 생각해 보면, 우리 인생이 어렵기 때문인 것 같다. 우리 모두 하고 싶은 것이 있지만, 못된 상사가 나타날 수도 있고, 돈이 없는 상황이거나 자존감이 떨어져 할 수 없었던 경험이 있다. 그리고 누구나 '돈이냐, 자유냐' 같은 선택의 기로에 서서 후회하는 선택을 하기도 한다. 인생에 장애물과 유혹이 너무 많은 것이다. 그래서 출연자가 어려워하고 고통받을수록 그의 이야기에 몰입하게 되고, 너라도 잘 됐으면 좋겠다며 응원하게 된다. 또 우린 역시 그런 어려운 경험이 많아서 깐깐해진다. 갈등이 너무 강하면 "아니, 이걸 어떻게 해? 신도 못 하겠다. 저걸 왜 하려는 거야?"라며 출연자에게 감정이입을 안 한다. 반대로 갈등이 너무 약해서 출연자가 일을 너무 쉽게 성취해 버린다면 이런 말이 나온다. "에게 이게 뭐야. 그래서 어쩌라고." 갈등의 크기에 대한 간단한 답은 다음과 같다.

목표의 달성은 '매우 어렵기는 하지만 가능한' 일이어야 한다.
- D.하워드·E.마블리, 『시나리오 가이드』, 심산 옮김, 한겨레출판, 1999, P.85

　'매우 어렵기는 하지만 가능한' 일까지가 갈등의 최대치라면, 더 어렵게 만들 수는 없는 걸까? 방법이 있다. 매우 어렵기는 하지만 성취 가능한 '공통의 목표'를 하나 설정하고, 출연자들 '개인적인 장애물'을 설정하는 것이다. 공통의 목표를 방해하는 장애물을 '외적 갈등', 개인적인 장애물을 '내적 갈등'이라 부르기로 하자. 『슬램덩크』를 예로 들어보겠다. 북산고 농구부 5인은 각자 개인적인 문제가 있다. 강백호는 풋내기, 서태웅은 자기중심적, 채치수는 중압감, 정대만은 체력, 송태섭은 콤플렉스다. 이들은 이런 내적 갈등을 안고, 공통의 목표 '전국 제패'에 도전한다. 외적 갈등인 상대 팀은 매번 바뀌지만, 내적 갈등은 마지막까지 변치 않고 그들을 괴롭힌다. 그리고 산왕 같은 끝판왕 외적 갈등을 클리어하려면, 멤버들은 내적 갈등을 극복해 각자의 알을 깨고 레벨 업해야 한다. 이렇듯 외적 갈등에 내적 갈등까지 섞으면, 더하기가 아니라 곱하기의 효과가 난다. 그렇다고 너무 강한 것만 섞을 수는 없다. 『슬램덩크』는 외적 갈등을 강하게 하려고 NBA 팀과 북산을 싸우게 하지 않았다. 또, 내적 갈등을 강하게 하려고 대인기피증 환자로 만들지도 않았다. 고교생이 NBA 팀을 어떻게 이길 수 있으며, 대인기피증 환자가 어떻게 수많은 관중 속에서 경기할 수 있을까. 갈등도 일단 말이 돼야 하고, 목표도 매우 어렵기는 하지만 성취 가능해야 하는 것이다.

갈등이 세면 시청률이 오르거나 이슈가 된다. 그래서 일부러 현장에서 '갈등' 상황을 연출하거나, 편집으로 '갈등' 상황을 조작하는 PD도 있다. 나 또한 리얼리티 예능 연출을 하면서 '사람과 사람', '사람과 상황'과의 갈등이 촬영 현장에서 일어나곤

했다. 그래서 편집할 때 시청자에게 무엇을 어디까지 보여줘야 할까, 선을 고민할 수밖에 없었다. 방송은 다수의 시청자가 본다. 예능을 할 땐 즐거움을 줘야 한다. 즐거움을 주려면 불편함은 가능한 피하는 게 좋지 않을까? 그래서 내린 개인적인 결론은 '인간이 봤을 때 불편하지 않을 정도의 갈등'까지 보여주자. 그렇다면 대다수 사람은 무엇에 불편함을 느낄까. 두 가지를 생각할 수 있었다. 첫째는 출연자가 원하는 것을 성취하기 위해, 우리가 유치원과 초등학교에서 배운 도덕을 벗어난 행동을 했을 때 발생하는 갈등이었다. 훔치거나 새치기하거나 룰을 어기는 행동은 상황이 유쾌하지 않다면, 그 자체로 불편하고 출연자를 비호감으로 만든다. 둘째는 '불편한 진실'을 마주하는 상황에서의 갈등이었다. 김기덕 영화를 보며 느끼는 '불편함과 거북함'과 비슷하다. 간단히 예를 들어 '불편한 진실'의 상황은, 훔치거나 새치기하거나 룰을 어기는 행동으로 이겨버리는 것이다. 우리가 사는 세상은 그런 일들로 좌절하는 일이 너무 많으니까. 보도, 시사, 교양같이 공적 저널리즘이 중요한 장르에서는 필요하지만, 예능은 즐거워지려고 보는 건데 어느 정도는 걷어내거나 희석해야 한다고 생각했다. 그런데 요즘에는 이런 '불편함'이 너무 많은 것 같다. 피드백이라는 이름으로 '불편함'을 토로하는 시청자가 많아지고, 예능은 모두가 즐거워야 한다는 생각에 제작진은 그걸 다 반영하려고 한다. 그래서 프로그램에 '갈등'은

옅어지고, 그래서 몰입이 안 된다. 개인적으로 모든 걸 반영할 수는 없다고 생각한다. 영상을 하는 사람들은, 사람마다 달리 느끼는 불편함을 모두 찾기보다는, 인간의 공통된 '불편함'에 대해 조금 더 탐구해 보는 것이 어떨까. 지금까지 영상 스토리텔링의 기본에 대해 정리해 봤다. 이를 유념하면서 다음 편부터는 장면의 실제 구성에 대해 알아보자.

3줄 요약

갈등은 출연자가 무엇인가를 성취하려고 하는데 나타난 장애물이며, 이야기 몰입과 전개에 최고의 효과를 발휘한다. 매우 어렵기는 하지만 해결 가능한 정도의 사건과 장면들을 필연성, 개연성 있게 붙여나가자.

> **TIP**
>
> 갈등의 적당한 크기를 찾는 방법은, 갈등 장면을 붙일 때마다 성찰하는 것이다. '이런 갈등을 해결해버리면 부끄럽지 않겠냐?' 부끄럽다면 너무 크거나 작아서, 본인마저도 납득이 안 되는 갈등 장면을 붙이고 있는 것이다. 갈등이 해결됐지만 출연자가 원하는 걸 성취하지 못하는 찝찝한 결말이 날 수도 있는데, 어쨌든 갈등은 해결된 것이고, 부끄럽지 않다면 그걸로 된 거다.

13

컷 하나 붙이기가 막막하다
컷의 선택과 구성

우리는 촬영이 끝났고, 성능 확실한 스토리텔링 기법에 따라 아웃라인도 세웠다. 이제 컴퓨터 앞에 앉아 컷을 붙일 시간이다. 하지만 어떤 컷을 어떻게 선택해서 붙여나가야 할지 그 자체가 막막할 수 있다. 그래서 다음 단계에 가기 전 우선 '컷의 선택과 구성'에 대해 정리해 보려 한다. 다른 요소들도 있지만 그동안 편집하며 느낀 기본은 다음 세 가지다.

- **무엇을?** ㅣ 행동과 반응을, 보고 싶은 대로 붙인다.
- **어떻게?** ㅣ 샷의 크기와 시간을 이용한다.
- **왜?** ㅣ 몰입을 유도한다.

무엇을? 행동과 반응을, 보고 싶은 대로 붙인다

- **행동과 반응의 선택(Act-React)**
  A가 행동한다. B가 반응한다. A가 행동한다. : A컷 → B컷 → A컷

누군가 행동하고 누군가 반응하는 컷을 붙인다(Act-React). 이것이 편집의 처음이자 끝이다. 1명이 행동하든, 100명이 행

동하든, 카메라 1대가 됐든, 100대가 됐든 이 구조에서 스케일만 커진 것이다. 행동하는 자와 반응하는 자가 있고, 반응하는 자는 다시 행동하는 자가 된다. 마찬가지로 어떤 사건은 반응 사건으로 연결되고 동시에 다음 사건을 일으키는 촉발 사건이 돼 이야기가 이어진다. 편집은 무엇이든 행동-반응의 구조에서 벗어날 수 없다. 우선 내가 전달하려는 의도를 행동으로 드러내는 출연자를 찾자. 당연히 반응하는 자들도 있을 것이다(침묵도 반응이다). 거기서부터 시작이다.

• 컷과 샷의 선택(Cut & Shot)

A가 행동한다. B가 반응한다. C 그룹이 행동한다. D가 반응한다

: A컷 FS(풀 샷) → B컷 1S(1샷) → C컷 3S(3샷) → D컷 1S(1샷)

1️⃣ A가 말하네. A컷을 붙여야겠다. 그런데 이게 첫 컷이네. 시청자는 처음 보는 거니까 여기가 어딘지, 누가 있는지 알고 싶을 것 같아. 장소도 사람들도 다 드러난 풀 샷으로 A컷을 붙여야지.

2️⃣ A의 말을 듣고 B 혼자 반응하네. B컷은 원샷으로 붙여야겠다.

3️⃣ B의 말을 듣고 C 그룹이 전부 웃네. C컷은 쓰리샷을 붙여야겠다.

4️⃣ C컷을 붙였는데, C 그룹의 D가 중요한 말을 하네. D컷은 원샷을 붙여야겠다.

이렇게 대화 장면 편집이 완성됐다. 그저 보고 싶은 대로 컷과 샷을 선택해 붙이기만 했는데도 말이다. 보고 싶은 대로 붙인다는 개념은 대화 장면 말고도 두루 적용된다. 예를 들어 〈꽃보다 할배〉에서 누군가 '다음엔 독일이다!'라고 말한다. 그러면 시청자는 다음 여행지인 독일이 궁금할 것이다. 그래서 다음 컷은 아름다운 독일 풍경을 찍은 헬리캠 샷이 붙어도 된다. 자료든 뭐든 보고 싶은 컷을 붙이면 되는 것이다. 정말 간단하다. 하지만 주의할 점은 시청자가 보고 싶은 컷을 붙여야 한다는 것이다. 편집을 하다 보면 촬영본을 너무 많이 봐서 부작용이 생긴다. 내게 너무 익숙해지니까 시청자도 알 거라는 착각에 빠지는 것이다. 그래서 붙여야 될 컷을 붙이지 않기도 한다. '독일로 가자!'라는 할배들의 말도 안 붙이고, '여행 프로인데 독일 풍경 나오면 당연히 독일로 가는 줄 알겠지.'라고 생각하게 되는 것이다. 이런 부작용을 방지하려면 '나는 이 편집본을 처음 보는 시청자'라는 자세가 늘 필요하다. 이런 자세로, 의도나 감정을 전달하는 출연자의 행동과 반응을 찾아서, 보고 싶은 대로 컷과 샷을 선택해, 필연성과 개연성 있게 붙여나가자. 출연자의 행동–반응 중 기획의도 실현과 상관없는 부분은 편집 중 또는 편집 후 퇴고 시 날린다. 그럼 신기하게도 이야기가 앞으로 나아간다.

어떻게? 샷의 크기와 시간을 활용한다

• **샷의 크기를 활용** | 클로즈업(집중하자!) ←→ 풀 샷(살펴보자!)

샷의 크기에 대한 용어들이 있다. 바스트 샷이니 웨이스트 샷이니 클로즈업이니 하는 것들이다. 그래서 스펠링이 어쩌고, 가슴에서 자르니, 허리에서 자르니를 외우기도 하는데, 그냥 이것만 생각하자. 피사체에 카메라가 가까워질수록 "집중하자!", 멀어질수록 "살펴보자!" 다음 글을 보자.

영화 테크닉으로 말하자면, 센 불은 클로즈업이다. 약한 불은 그와 반대로 물러나서 찍는 것이다.

- 기타노 다케시, 『기타노 다케시의 생각노트』, 권남희 옮김, 북스코프, 2009, P.218

일본의 영화감독 기타노 다케시의 요리 비유로 살펴보자면, 샷의 크기가 클로즈업으로 갈수록 불을 세게 올려 빨리 볶을 수 있다. 다시 말하면 '여기 집중하자!'라고 더 크게 소리쳐서, 단번에 연출자의 의도를 전할 수 있다. 시청자가 다른 생각을 하기는 힘들다. 그만큼 강렬하고 인상적으로 시청자에게 의도와 감정을 주입한다. 하지만 길면 타버리는 것처럼, 시청자를 지치게도 한다. 마치 단 음식을 먹을 때 처음엔 매우 달지만 나중엔 그저 그런 것처럼, 길고 거듭되는 클로즈업은 의도 전달을 무뎌지게 한다.

풀 샷으로 갈수록 불을 약하게 줄여 조리는 것과 같다. 약한 불로는 오래 조리되듯 시청자는 풀 샷에 담겨있는 모든 것들을 관찰하며 자신이 보고 싶은 것을 보고 생각할 수 있는 시간을 가질 수 있다. 단점은 클로즈업의 반대, 바로 연출자의 의도를 단번에 강렬히 전달하기 힘들다는 것이다. 어떤 샷을 쓰느냐. 정답은 없다. 이건 그저 수단일 뿐이다. 의도를 전할 때 더 효과적인 샷을 쓰면 되는 거고, 덧붙여 연출의 우선순위를 어떻게 두느냐에 따라 선택할 수 있는 것이다. 가령 아이돌 프로그램을 연출하며, '시청자가 최애돌을 놓치는 건 죄악이다.'란 신념을 가진 PD라면, 멤버들을 모두 볼 수 있는 풀 샷을 많이 선택할 것이다. 또한 지금은 기술이 발전해서 '풀 샷으로 찍어야지, 클로즈업으로 찍어야지.'란 개념도 점점 희박해지고 있다. 4K, 8K로 찍어서 편집할 때 크기 조정을 하면 되니까 말이다. 사진 촬영 시 해상도가 좋아져서 원하는 부분을 크롭 하는 것과 같다. 시청자를 생각하고, 의도 전달에 더 효과적인 크기로 늘렸다 줄였다 하면서 최선의 컷을 붙여나가자.

• 시간을 활용(Duration & Speed)

편집 툴을 보면 타임라인(Timeline)이라는 창이 있다. 사진과 다르게 영상은 시간을 따라 흐르기 때문이다. 그래서 시간을 활용해 의도나 감정을 전달할 수 있다. 리얼타임 또는 컷의 지속시간(Duration)을 줄이거나 늘리고, 컷의 속도(Speed)를 슬로(Slow)나 패스트(Fast)로 조절해서 말이다.

리얼타임을 조절하는 건 편집의 기본 기능이다. 일단 방송 시간이 정해져 있기 때문이다. 20분짜리 학원물인데, 아침에 일어나서 밥 먹고, 세수하고, 이 닦고, 옷 입고, 학교에 도착하는 모든 과정을 라이브로 보여줄 수 없다. 학교 가기도 전에 끝난다. 기획의도를 이루는 일들이 주로 학교에서 이뤄진다면, 필요 없는 부분은 날려버려 학교에 가기까지 리얼타임을 줄여야 하는 것이다. 일어나서, 집을 나온 후, 바로 교실로 들어와도 된다. 그래야 방송 시간 낭비도 막고, 지루한 부분을 건너뛰어 시청자도 집중을 잃지 않는다. 이렇게 리얼타임을 줄일 때는 필연성과 개연성을 생각해야 한다. 시간을 줄이겠다고 중간 과정을 통째로 날려서, 침대에 누워 자는 컷 뒤에 교실에 앉아 있는 컷을 붙인다면 시청자는 혼란에 빠진다. '이 녀석은 등교를 한 건가, 꿈을 꾸는 건가?' 기획의도 실현에 상관도 없는 생각을 가득 차게 만들면 몰입이 깨진다. 반대로 리얼타임을 늘릴 수도 있다. 애니

메이션의 전투 장면을 보자. 치열하게 싸우다가도 변신하거나 필살기를 날릴 땐, 주인공은 몇십 초간 화려하기 그지없는 포즈를 잡고, 적들은 하나같이 모두 공격을 멈춘다. 하지만 주인공이 너무 멋져 멍 때리는 게 아니다. 이야기 내에선 고작 1~2초 지났거나 아예 시간을 멈춰버린 것이다. 시청자를 집중시키기 위해 리얼타임을 몇십 초로 늘린 단적인 예다. 의도나 감정을 전달하기 위해서 리얼타임을 조절하기도 한다. 긴박감이나 흥분, 감동을 전달하기 위해서 결승점에 도달하거나 골을 넣기 직전의 시간을 늘려놓곤 하는 스포츠 예능을 생각하면 되겠다.

컷의 지속시간(Duration) 조절을 통해 만들어진 2초짜리 컷, 4초짜리 컷, 8초짜리 컷은 2분 음표, 4분 음표, 8분 음표처럼 쓰일 수 있다. 음표들을 섞어 붙여 음악 리듬이 만들어지는 것처럼, 지속시간이 다른 컷들을 섞어 붙이면 편집 리듬이 만들어진다. 편집이든 음악이든 시간을 다뤄서 그렇고, 그래서 편집과 음악은 공통점이 많다. 내가 어떤 감정이 드러나는 편집을 하고자 할 때, 그 감정이 느껴지는 음악을 깔고 그 음악의 리듬과 비트대로 컷을 쪼개 붙이면, 원했던 감정이 영상에 구현되는 경우도 굉장히 많다. 이렇듯 편집도 음악처럼 리듬으로 의도나 감정을 전달할 수 있다. 편집 리듬에 관해선 다른 장에서 자세히 다뤄보도록 하겠다.

컷의 속도(Speed) 조절을 통해서도 의도나 감정 전달이 가능하다. 그중 빈번히 쓰이는 슬로(Slow) 컷은 다음 비유가 가장 적절하다.

구소련의 뛰어난 다큐멘터리 제작자 지가 베르토프는 "슬로 모션은 시간의 클로즈업이다"라고 말했다.
- 캐런 펄먼, 『커팅 리듬, 영화 편집의 비밀』, 김진희 옮김, 커뮤니케이션북스, 2014, P.203

슬로(Slow) 컷은 해당 행동에 대한 시청자의 체험을 길게 늘여, 빨리 지나가 버리는 행동을 관찰하고 인지할 수 있게 해 준다. 그로 인해 클로즈업처럼, 센 불로 요리하듯 연출자의 의도를 단번에 강렬히 전달할 수 있다. 반대로 빠르게 줄인 패스트(Fast) 컷은 오랜 시간 걸쳐 이뤄진 행동의 경과를, 풀 샷이 한 컷에 여러 정보를 담듯 한눈에 인지할 수 있도록 해준다.

이 역시 정답은 없다. 시청자에게 의도를 전달하기 위해서 샷의 크기를 정하고, 컷의 시간을 조절해 활용할 뿐이다. 그저 수단이기 때문에 의도만 잘 전달된다면 이런 수단들은 사실 전혀 필요가 없다. 생각해 보자. 짜장면 레시피를 말하는 백종원의 무편집본 영상 vs 온갖 수단으로 편집된 내 짜장면 레시피 영상. 뭐가 재미있을까? 백종원 대표나 오은영 박사 같은 분들은 '본인의 경험과 지식이 담긴 말'만으로도 대한민국을 몰입시킨다. 그래서 몰입만 잘 된다면 사실 편집 따윈 필요 없다. 결국 편집의 목적은 다음과 같다.

왜? 몰입을 유도한다

지금까지 상기한 모든 것들의 이유는 단 하나였다. 기획의도 실현을 위해 시청자를 몰입시키는 것. 시청자가 몰입된다면 모든 것들은 무시할 수 있다. 하지만 현장에선 종종 형식이 본질을 흐려버리는 상황들이 발생한다. 3등분의 법칙을 어겼네 어쨌네, 카메라 180도 법칙이 깨졌네 어쨌네, 이미지너리 라인이 무너졌네 어쨌네, 더블 액션이 안 맞네 어쨌네, 컷이 튀네 어쨌네, 아이라인이 안 맞네 어쨌네, 색이 튀네 어쨌네…. 가만두면 몰입될 이야기에도 이런 형식들이 훼방을 놓는 것이다. 이 모든 것들은 그저 인식의 덜그럭거림을 줄여보려고, 영상의 연속성을 유지하기 위해 태어난 수단이고 도구일 뿐이다. 일단 사람들은 이야기에 몰입하게 되면 컷이 튀든, 색이 튀든 신경 안 쓴다. 다음 예를 보자. 이건 내 경험인데 정말 옛날인 2006년, 6미리 캠코더를 들고 MBC 드라마 〈주몽〉 촬영장을 찍으러 간 적이 있었다. 내향적인 내가 어쩌다 보니 주인공들의 인터뷰를 따게 됐고, 매우 기뻐하며 영상을 확인한 후 좌절했다. 렌즈에 캠코더 끈이 걸린 채 촬영된 것이었다. 인터뷰가 끝날 때까지 화면

좌측 상단에 캠코더 끈이 대각선으로 길게 걸쳐 있었고… 아쉽지만 도저히 쓸 수가 없어 편집본에서 뺐다. 편집본을 보고 당시 메인 PD님이 말했다.

"인터뷰 땄다더니 어딨어?"
"실수를 저질러서 못 넣을 것 같습니다."
"봐봐. 괜찮아. 넣어."
"그래도 방송인데 이걸 어떻게 넣겠어요."
"괜찮아. 넣어."
그래도 그렇지 이건 아니지 않나 싶어서 주위 선후배에게 보여주고 물었다.
"이상한 거 없어?"
"없어.", "모르겠는데.", "인터뷰 어떻게 땄어?"

정확히 12명에게 물어봤다. 내 눈엔 2분할 같이 크게 보이는데 아무도 캠코더 끈 같은 건 얘기하지 않았다. 내가 말해주고 나서야 "어? 끈 걸렸네. 왜 저랬어~"라는 말을 들었다. 사람들은 그렇다. 그래서 그런 실험심리학 용어까지 있다.

무주의 맹시(Inattentional blindness)

눈이 특정 위치를 향하고 있지만 주의가 다른 곳에 있어서 눈이 향하는 위치의 대상이 지각되지 못하는 현상이나 상태

- 곽호완&박창호&이태연(2008), 『실험심리학 용어사전』, 시그마프레스

    몰입되면 시청자의 눈은 화면을 향하고 있지만 주의가 이야기에 가 있어서 영상의 연속성은 지각하지 못하거나 지각해도 대수롭지 않게 생각한다. KBS 〈슈퍼맨이 돌아왔다〉에서 텐트 속에 숨어 아이들을 찍는 촬영감독들을 우리가 신경 쓰지 않듯 말이다. 그게 이야기의 힘이다. 경험상 그런 거 크게 신경 쓰는 사람들은 이야기보다 비디오에 미쳐있는 '영상쟁이' 뿐이다. 우리는 형식보다 본질에 집중해야 한다. 똥만 싸도 박수를 친다고, 사람들이 영상을 보기도 전에 몰입하려고 달려드는 게 아니라면 말이다. 우리 자신이 너무나 유명한 PD도 아니고, 너무나 유명한 출연자를 섭외할 수도 없다면 본질에 집중하는 길밖에 없다. 바로 몰입되는 이야기를 구축하는 것. 그리고 그 방법을 이미 우리는 알고 있다.

누군가가 어떤 일을 하려고 대단히 노력하는데 그것을 성취하기는 매우 어렵다.

- 프랭크 대니얼 : D.하워드·E.마블리, 『시나리오 가이드』, 심산 옮김, 한겨레출판, 1999, P.43

그렇다고 형식을 깡그리 무시하자는 말은 아니다. 본질에 집중한 후 형식까지 잘 써먹는다면 거장 탄생 아닌가. 다음 편은 예시를 통해 실제 편집 단계를 살펴보겠다.

3줄 요약

차근차근 행동과 반응을 보고 싶은 대로 붙여가며, 샷의 크기와 시간을 이용해 몰입을 유도한다. 허나 이 모든 기술은 시청자가 이야기에 몰입하고 있다면 무시할 수 있다.

> **TIP**
>
> 처음부터 완벽히 편집하려고 하면 끝이 안 난다. 일단 보고 싶은 대로 붙여 1차 편집본을 러프하게, 대충, 빠르게 완성하자. 내용을 날리거나 컷과 구성을 바꾸는 디테일은 그 후에, 혼자서 또는 팀원들과 함께 잡는다. 공동 작업에선 이래야만 시간과 에너지를 아낄 수 있다.

14

편집 실전
리얼리티 예능 편집 사례

다시 〈무한도전-마지막 1분〉을 예로 들겠다. 방송을 시청해야 글을 정확히 이해할 수 있을 것이다. 그게 아니더라도, 이 방송은 PD 지망생과 입문자분들이라면 꼭 봤으면 한다. 이 특집 하나만 파더라도 리얼리티 예능 연출에 대한 감이 제대로 잡힌다. 어쨌든 우리는 지금부터 〈무한도전〉의 PD다. 맡겨진 부분은 결(結) 부분. '봅슬레이 실제 경주' 장면을 편집한다. 이제 예능 클래식의 대미를 장식하러 편집실로 들어가 보자.

장면에서 전달하고 싶은 의도와 감정을 분석하라

편집 시작 전 기획의도를 상기하자. 기획의도는 '대한민국 평균 이하 남자들이 뭉쳐 봅슬레이를 도전하는 모습을 통해 웃음과 감동을 주는 것.' 나는 기획의도를 이루기 위해 이 장면에서 무엇을 전달하고 싶은가?

<무한도전-마지막 1분> 결(結) 부분
• **아웃라인** : 부상 멤버를 대신해 재석, 명수, 준하가 완주한다
                (끝판왕 장애물의 극복)

- **편집 장면에서 전달하고 싶은 것**

  1. 경주 전, 멤버들의 긴장감, 비장함
  2. 경주 전, 서로를 응원하는 멤버들의 훈훈함
  3. 경주 전, 부상으로 경주에 참여하지 못하는 형돈, 전진의 미안함
  4. 실제 경주, 과정의 긴박감, 뛰는 멤버들의 상태와 감정
  5. 실제 경주, 부상으로 경주에 참여하지 못하는 형돈, 전진의 걱정
  6. 완주 후 멤버들의 환희, 안도, 감격

편집할 장면에서 전달하고 싶은 내용, 감정에 대해 정리한다. 이건 내가 지금 붙이고 있는 컷들이, 전달하려는 내용과 감정을 담고 있는지 확인하는 지도이자 체크리스트다. 포스트잇에 써서 모니터에 붙여놔도 좋다. 내가 길을 잃지 않도록, 놓치는 것이 없도록 해줄 것이다. 이제 장면을 만들어보자.

리얼리티 예능 장면 구성

- **장면 구성 1** | 경주 전 (1분 12초)
  경주 전, 멤버들의 긴장감, 비장함. 서로 응원하는 멤버들의 훈훈함을 전달한다.

전편에서 행동과 반응을, 보고 싶은 대로 붙이자고 했다. 이를 위해 우선 내가 전하려는 내용과 감정을 행동으로 드러내

는 출연자를 찾자고 했다. 경기 전, 모든 멤버들의 긴장감과 비장함을 한 번에 보여줄 수 있는 행동은 무엇인지 찾아보자. 무도는 경주 전, 모든 멤버가 파이팅을 외치는 행동이 담긴 풀 샷을 첫 컷으로 선택해 긴장감과 비장함을 전달했다. 이어서 웃음기 사라진 멤버들과 유재석의 굳은 얼굴이 드러난 원샷을 붙여, 긴장감과 비장함을 강조했다. 파이팅 행동 후의 반응으로, 부상 멤버(형돈, 전진)가 미리 피니시 라인으로 내려가 대기하게 됐고, 그래서 스타트 라인에는 경주를 뛰는 선수인 재석, 명수, 준하만 남게 됐다. 여기서 바로 경주로 넘어가도 무리는 없다. 하지만 실제 경주를 시작하기에는 아직 전달 못 한 것들이 많다. 지금까지 전달한 건 긴장감과 비장함뿐인데, 시청자에게 걱정만이 아니라 약간의 기대감을 줄 순 없을까? 그런 장면은 없을까? 무도는 재석, 명수, 준하가 서로 사과하며 포옹하는 장면을 찾았다. 적어도 세 명은 훈련에서 있었던 갈등을 경기 전에 풀었다는 사실. 그로 인한 훈훈함과 경주에 대한 기대감까지 전달했다. 근데 뭔가 빠졌다. 편집 전 모니터에 붙여놓은 체크리스트를 보자. 아! 부상으로 경주를 뛰지 못하는 형돈, 전진의 미안함을 전달하지 않았다. 미안함을 전달하는 행동을 찾자. 형돈과 전진이 피니시 라인으로 내려가기 전, 촉촉한 눈으로 형들의 이름을 부르며 파이팅을 외치는 행동을 찾았다. 무도는 형돈과 전진이 한 명 한 명씩 멤버 모두의 이름을 부르며 응원하는 행동과 그 응원에 답하는 형들의 반응까지 전부 붙여 미안함을 강조했다. 이 컷들은 분량을 잡아먹어 충분히 줄일 수 있는 컷인데도 왜 이렇게 붙였을까? 기획의도가 빨리 '봅슬레이 경주를 보여주는 것'이 아닌 '감동을 주는 것'이기 때문이다. 이 컷들로 우리는 알게 된다. 지금까지 드러났던 갈등들이 이미 모두 풀렸구나. 완주를 위해 다들 한마음이 됐구나. 이들이 이렇게 기원하는데 잘 됐으면 좋겠다. 경주 전 보여줄 건 보여줬고 해결할 건 해결해서, 감동을 위한 발판을 마련했다. 이제 실제 경주를 붙일 차례다.

• 장면 구성 2 | 실제 경주 (5분 1초)
 실제 경주의 과정과 긴박감, 뛰는 멤버들의 상태와 감정, 안 뛰는 멤버들의 걱정

 미리 말하지만, 봅슬레이 완주 기록은 57.40초이다. 무도는 의도와 감정을 담기 위해, 57.40초를 5분 1초로 늘려놨다. 어떻게 붙일 것인가.

① 스타트 라인에서 출발 직전까지 (1분 34초)

 우리는 모두 학교 다닐 때 달리기 시합을 해봐서 안다. 가장

긴장되는 순간은 바로, 스타트 라인에서의 출발 직전이다. 출발 신호가 울리기 전의 긴장감을 모두 경험해 봐서 안다. 이 감정을 그대로 전달하기 위해 무도는 1분 34초의 시간을 썼다. 앞서 붙인 '경주 전' 장면은 1분 12초. 사건을 진전시키는 행동은 없지만, 그 긴장감을 전달하기 위해 20초가량을 더 썼다. 형들을 걱정하는 형돈과 전진의 컷을 지나, 우리가 보고 싶은 스타트 라인 앞에서의 멤버들을 붙였다. 출발 직전의 긴장감을 단번에 강렬히 시청자에게 전달하기 위해 클로즈업을 반복해서 사용했다. 더불어 걱정하는 형돈과 전진의 클로즈업도 섞어 붙여서, 멤버들 모두가 몸도 마음도 함께 한다는 의도를 전달했다.

2 출발 직후부터 착석까지 (43초)

다시 출발 직전 다음으로 강렬했던 순간을 생각해 보자. 출발 신호가 울린 후 첫발을 내디딜 때의 불안감이 떠오를 것이다. 무도는 첫발을 내딛는, 봅슬레이에 착석하기까지의 7.03초를 43초로 늘렸다. 멤버들은 훈련할 때 착석에 어려움을 겪었다. 시청자는 이미 그걸 알고 있기 때문에 이 부분을 늘려야 '착석에 성공할까? 실패할까?' 애가 타서 몰입된다. 하지만 촬영된 시간은 7.03초뿐. 늘릴 방법은 7.03초 동안 다양한 각도로 촬영된 컷들과 형돈, 전진의 걱정스러운 리액션 컷을 반복해 이어 붙이

는 것이다. 결국 착석에 성공할 때까지 리얼타임보다 길게 묘사
하는 데 성공했다. 시청자는 애태운 만큼 안도감을 느끼고, 다
음 질문을 하게 된다. '완주할 수 있을까?'

3 본 코스부터 완주까지 (2분 44초)

출발 직후부터 착석까지 리얼타임을 6배 늘렸지만, 착석 후
본 코스부터 완주까지는 2배 정도밖에 늘리지 못했다. 이는 실
제 경주 과정의 긴박감을 전달하기 위해서다. 긴박감을 전달하
려면 봅슬레이 본연의 스피드를 살려야 한다. 리얼타임을 너무
심하게 늘려버리면 몰입이 깨진다. "아니, 경주장이 마라톤 코
스야? 왜 이렇게 안 끝나?" 또 속도감을 살리기 위해 사용한 방
법이 있다. 편집 리듬이다. 무도는 본 코스에서 컷의 지속시간
을 짧게 하고, 많은 컷을 붙였으며, 풀 샷과 클로즈업을 번갈
아 사용했다. 컷의 지속시간은 2분 음표, 4분 음표, 8분 음표처
럼 길이를, 샷의 크기는 강(클로즈업), 약(풀 샷)을 조절한다. 우
리가 음표의 길이와 강약을 조절해 음악의 리듬을 만드는 것처
럼, 컷의 지속시간과 샷의 크기를 조절해 편집 리듬을 만들 수
있다. 그렇게 무도는 빠른 리듬을 만들어 시청자에게 빠른 속도
감을 느끼도록 한 것이다. 완주 부분부터는 컷의 지속시간을 늘
려, 봅슬레이가 그러하듯 빠른 리듬에 브레이크를 걸었다. 속도

감에 젖었던 시청자의 긴장도 풀려간다. 컷의 내용도 경주 전개를 보여주는 풀 샷, 뛰는 멤버들의 현재 상태를 보여주는 원샷, 안 뛰는 멤버들이 걱정하며 지켜보는 원샷으로 구성했다. 그래서 의도했던 대로 실제 경주 과정, 멤버 상태, 걱정하는 마음을 모두 전달했다.

• 장면 구성 3 │ 완주 후 (3분 56초)
　멤버들의 환희, 안도, 감격

　이제 '봅슬레이를 완주할 수 있을 것이냐?'란 최대 갈등이 해결됐다. 그리고 갈등의 해결을 통해 주제가 선명해진다. 출연자의 눈물, 포옹 같은 행동을 클로즈업과 원샷 위주로 붙여, 감동이라는 감정을 강렬히 전달하고, 그들의 말과 자막까지 '봅슬레이를 통해 감동을 주겠다.'는 기획의도를 직접적으로 드러낸다. 마지막엔 울어놓고 아니라는 박명수를 유재석이 놀리는 유쾌한 컷들도 붙여 '웃음'도 줬다. '감동'과 '웃음'은 〈무한도전-마지막 1분〉의 기획의도이고, 시청자에게 확실히 전달돼 레전드가 됐다.

◆　◆　◆

　이렇게 최대 갈등을 해결한 후엔 기획의도가 선명해져야 한다. 그런데 이건 연출의 흐름이 제대로 흘러갔다면, 자연스럽고도 분명하게 드러나는 것이다. 그렇다면 연출은 어떻게 해야 할까?

출연자에게 동기를 심어주는 장치를 마련하고, 성취하기 힘든 목표를 향해 힘든 과정들을 겪게 하며, 마침내 목표를 성취할 수 있는 기회를 제공한다.

그렇게 준비하고 실행했다면, 그 흐름은 제대로 흘러가서 성취를 했든 못했든, 시청자에게 기획의도를 자연스럽고도 분명하게 전달할 것이다. 하지만 이러한 연출에 실패한다면 매우 힘든 일이 발생한다. 기획의도를 이루고자, 온갖 컷들을 긁어모아 없는 장면을 만드는 등의 억지 노력을 하게 되는 것이다. 그렇게 만든 장면으로는 구색만 맞출 뿐, 〈무한도전-마지막 1분〉 같은 감동은 줄 수 없다. 할 수 있다는 생각은 포기하는 게 몸에 좋다.

3줄 요약

기획의도를 이루기 위해 장면에서 전달하고 싶은 의도와 감정을 분석한 후, 그것이 드러난 행동과 반응을 보고 싶은 대로, 필연성과 개연성 있게 붙여가며, 샷의 크기와 시간을 이용해 몰입을 유도한다.

15

몰래카메라와 히치콕
편집 구성 기법

그동안의 과정에서 우리는 기획의도를 이룰 여러 장면을 만들 수 있게 됐다. 이제 이 장면들을 연결하는 방법, 몰입을 위한 편집 구성의 몇 가지 방법들을 알아보자.

'아이러니'는 '두근두근', '서프라이즈'는 '헐!'

영화 속에서 테이블 밑에 있는 폭탄이 갑자기 터진다면 좋은 영화가 아니다.

- 알프레드 히치콕

<이경규의 몰래카메라> 버전 (아이러니) |

사건은 일어날 것이냐? 어떻게 될 것이냐?

1 미리 제작진이 테이블 밑에 폭탄을 설치했어요.

2 이제 모두 테이블에 앉았습니다. 과연 어떻게 될까?

3 드디어 폭탄이 터졌습니다!

<신비한 TV 서프라이즈> 버전 (서프라이즈) |

사건은 왜, 어떻게 일어난 것이냐?

1 모두가 단란한 저녁 식사를 하던 그때!

② 폭탄이 터졌다. 과연 어떻게 된 일일까?
③ 누군가 시한폭탄을 설치한 것!

　폭탄이 터지는 일이 있어서는 안 되겠지만, 히치콕의 말을 예로 들어봤다. 하나는 폭탄이 설치된 장면을 앞에, 다른 하나는 뒤로 배치한 것인데, 장면(컷)의 배치만으로 다른 종류의 몰입을 끌어낸다. 〈이경규의 몰래카메라〉에선 폭탄이 언제 터질지 계속 지켜보게 되는 '두근두근'한 몰입. 〈신비한 TV 서프라이즈〉에선 갑자기 폭탄이 터져 놀라버린 '헐! 뭐가 어떻게 된 거야?' 궁금해지는 몰입이 생겼다. 『시나리오 가이드』에서는 이런 구성을 '아이러니'와 '서프라이즈'란 개념으로 설명했다.

관객과 등장인물들 모두 그 사실을 모르고 있다면 이제 남은 것은 단 한 번의 '서프라이즈' (중략) 등장인물들 중 적어도 한 명 이상이 모르고 있는 사실을 관객이 알게 될 때 이것이 '아이러니'를 만들어낸다.
- D.하워드·E.마블리, 『시나리오 가이드』, 심산 옮김, 한겨레출판, 1999, P.116~117

　아이러니와 서프라이즈는 강력한 나머지 〈이경규의 몰래카메라〉나 〈신비한 TV 서프라이즈〉처럼, 프로그램 전체 포맷의 기획에 사용되기도 한다. 하지만 가장 많이 사용되는 건, 역시 편집할 때다. 편집이 좀 심심하다 싶으면 적재적소에 쓰여 시청자의 몰입을 돕는다. 예로 〈무한도전-돈가방을 들고 튀어라〉에서 서프라이즈의 사용을 보자. 돈가방을 갖고 튀던 박명수를 추적한 멤버들은, 드디어 박명수를 잡아 돈가방을 빼앗는 데 성공한다. 기대에 차서 돈가방을 열어보는 멤버들. 하지만 그 안엔 돈이 아닌 쓰레기로 가득 찼는데! 멤버들은 대공황 상태에 빠지고, 시청자도 어찌 된 일인지 궁금하다. 뒤이어 플래시백으로 박명수가 가짜 돈가방으로 바꿔치기 한 장면이 나온다. 회상을 나타내는 장면 혹은 기법인 플래시백은, 서프라이즈 구성에서 사건의 인과를 설명하는 도구로 많이 사용된다.

이제 아이러니의 사용을 보자. 돈가방을 갖고 튀던 박명수를 추적한 멤버들은, 드디어 야구장에 숨어있는 박명수를 찾는다. 그리고 박명수 검거를 위해 먹이를 노리는 사자처럼 살금살금 다가간다. 이 사실은 시청자와 멤버들만 알뿐, 박명수는 모른다. 시청자는 점점 좁혀지는 포위망과 아무것도 모르는 박명수의 태평한 얼굴을 동시에 보며, '검거 성공이냐? 실패냐?'란 기대와 궁금증을 가지게 된다. 몰입하는 것이다. 리얼리티 예능뿐 아니라, 아이러니는 게임을 다룰 때도 흔히 사용된다. 예를 들어 예능에서 '마피아 게임'을 한다고 치자. 보통의 마피아 게임처럼 처음에는 출연자도 시청자도 마피아를 모른다. 이때 생기는 질문은 단 하나다. '누가 마피아지?' 그리고 어느 시점부터 마피아의 정체를 시청자에게만 오픈한다. 그때부터 아이러니가 발생한다. '시민들이 또 엉뚱한 사람 제거했네! 마피아가 또 시민을 제거할 수 있을까? 마피아가 저런 전략을 구사하네! 마피아가 이길까? 아니면 잡힐까? 어떻게 될까?' 여러 가지 질문이 생기면서, 적극적으로 몰입하게 된다.

'준비'와 '여파'

이야기가 다음 사건으로 전진하는 데 필요하진 않지만, 시청자의 몰입을 위해 쓰이는 구성도 있다. 『시나리오 가이드』에서는 이런 구성을 '준비'와 '여파'란 개념으로 설명했다.

준비(preparation) 신이란 관객에게, 때로는 등장인물에게, 앞으로 펼쳐질 드라마틱한 장면을 준비하도록 만드는 장면이다. 여파(aftermath) 신이란 관객과 등장인물에게 방금 지나간 드라마틱한 장면을 '소화(digest)' 할 수 있도록 하는 장면이다.

- D.하워드·E.마블리, 『시나리오 가이드』, 심산 옮김, 한겨레출판, 1999, P.118

'준비'는 방송판에서 '니주를 깐다'라고도 말한다. 어떤 사건이 일어나는 장면 전에, 분위기를 잡거나 사전 정보를 전달하는 것을 말한다. 예를 들어 KBS 〈1박 2일〉에서는 이만기와 강호동이 천하장사 재대결을 시작하기 전, 예전 자료화면을 붙였다. 자료

화면은 바로 젊었던 시절, 최고의 씨름선수였던 그들의 경기 장면이다. 이 자료화면을 본 시청자는 알았던 사람은 알아서, 몰랐던 사람은 몰라서 가슴이 벅차오른다. '야~ 이 대결을 다시 보게 되다니! 와~ 이 아저씨들 대단했네! 누가 이길까?' 이런 자료화면 없이 바로 재대결했다면 어땠을까? SBS 〈런닝맨〉에서는 이광수가 귀신의 집(전율미궁)에 들어가기 전, 다른 멤버와 제작진이 귀신의 집에 대한 정보를 주며 바람을 잡는다. 이광수는 점점 겁에 질려가고, 이를 본 시청자는 웃음과 의문과 기대를 갖게 된다. '진짜 무서워하는데 끝까지 갈 수는 있을까? 얼른 보고 싶다!' 이런 장면 없이 바로 귀신의 집에 들어갔다면 어땠을까? 다음 장면에 대해 기대나 의문을 갖도록 시청자를 준비시키지 않는다면, "야! 진짜 재밌는데!"가 아닌 이런 반응일 것이다. "어? 아! 어…. 그렇구나…. 재밌네."

이 준비 장면은 다음 장면과의 대비를 통해 효과를 극대화하기도 한다. 가장 유명한 예는 현진건의 소설 『운수 좋은 날』 아닐까? 높이 높이 올라갈수록 떨어질 때 충격이 크다. 『운수 좋은 날』처럼 오늘은 어쩐지 운수가 좋다가 최악의 장면을 맞닥뜨렸을 때 시청자도 충격이 크다. 나쁜 사건이 터지는 장면 앞에 기분 좋은 장면을 배치한다. 좋은 사건이 터지는 장면 앞에 우울한 장면을 배치한다. 장면의 감정을 대비시켜 시청자를 뒤흔드는 것이다.

'여파'는 SBS 〈골 때리는 그녀들〉의 예를 들면 간단하다. 동점 상황. 경기가 끝나려는 순간 골을 넣는다. 골 넣는 장면을 몇 번 더 보여주고, 선수들의 반응과 MC의 해설을 붙여 이 골이 갖는 의미에 대해 드러낸다. '중요한 순간에 터진 골'이라는 의미를 시청자에게 소화시켜 주려는 의도다. 어떤 사건이 일어나고 난 후에 해당 장면이나 리액션, 토크를 붙여 일어난 사건을 되짚는 것이 여파의 구성이다. 시청자가 그냥 지나쳐버릴 수 있는 장면을 짚어주며, 해당 장면의 의미를 강조하는 것이다. 그 장면에서 기획의도가 드러난다면 그냥 지나칠 수 없다. 여파를 이용해서 의도를 소화시키자.

편집 구성의 기원

'서프라이즈'나 '아이러니', '준비', '여파'는 연출과 편집을 위해 새로 생겨난 개념이 아니다. 우리 일상을 돌아보자. 우리는 기본적으로 '서프라이즈'를 좋아한다. '서프라이즈 생일 파티'처럼 기분 좋은 놀람을 선사하고, 반응을 즐긴다. 사람들은 기본적으로 장꾸 기질이 있는 거다. 또 '아이러니'는 얼마나 좋아하나. 학교에서 몰래 사귀고 있는 커플이 있는데, 나만 그걸 알아버렸다! 그럼, 그 커플의 행동 하나하나가 내 눈엔 다르게 보인다. 다른 친구들은 모르지만 나만 알고 있다는 우월감에 빠지기도 한다. 그래서 그럴까. 사람들은 남들이 모르는 정보를 자신만이 더 얻기 위해서 '아무한테도 말하지 않을 테니 비밀을 말해줘!'라며 애원한다. '준비'와 '여파'도 우리가 말할 때 늘 하는 습관이다. 중요한 말을 할 때 바로 본론을 얘기하는 사람은 별로 없다. 많든 적든 뜸을 들이는 거다. 이게 바로 '준비'다. 본론을 말한 다음 충격받은 친구들 모습을 보면서 우쭐대며 그 사건에 대해 부연 설명을 한다. 이게 '여파'다. '준비'와 '여파'를 적당히 해야 하는 이유도 여기서 드러난다. '준비' 장면을 너무 붙이면 '아~ 겁나 뜸 들이네. 짜증 나네.'가 돼버리고, '여파' 장면을 너무 붙이면 '아~ 겁나 말 많네. 짜증 나네.'가 돼버린다. 역시 이렇게 모든 편집 구성은 우리 생활 안에 있다. 갑자기 생겨난 것이 아니다. 그래서 몰입되는 구성을 위해 우리가 해야 할 일은 이거다. 사람이 즐길 때 어떤 행동을 하는지, 어떨 때 흥미를 갖는지, 재미있게 얘기하려고 어떤 식으로 행동하는지 먼저 나를 돌아보고, 사람들도 관찰하자. 그리고 편집에 적용해 보자. 구성은 정해진 것이나 지켜야 할 것이 있는 게 아니다. 몰입시키는 나만의 방식이 있다면 당신이 그 구성의 창시자다. 정말 편집은 재밌다.

3줄 요약

출연자가 모르는 사실을 시청자에게 먼저 전하느냐, 마느냐에 따라 다른 종류의 몰입이 발생한다(아이러니/서프라이즈). 중요 사건 전후에는 시청자가 사건을 제대로 즐길 수 있도록 시간을 줄 수도 있다(준비/여파).

서프라이즈든, 아이러니든, 준비든, 여파든 반드시 써야 하는 법칙이 아니다. 그저 시청자의 몰입을 돕는 구성 기법일 뿐이다. 그러니 촬영본을 넋 놓고 보게 된다면 제발 그냥 놔둬라. 이미 몰입되는 이야기에 편집 구성 기법은 굳이 쓸 필요 없는 것이다. 좀 더 드라마틱 했으면 해서, 뭔가 있어 보이고 싶어서, 억지로 구성을 뒤바꾸는 우를 범하지 말길 바란다. 밤새 이리저리 편집해도, 결국 가장 처음 버전의 편집본으로 되돌아간다.

16

뭘 날려야 하나요?
편집본의 퇴고

영상 편집 후, 그 퇴고(수정) 과정은 버리는 일이 대부분이다. 이야기를 좀 더 긴밀하게 하기 위해, 또는 정해진 시간을 맞추기 위해 어떤 장면을 날려야 할지 우리는 늘 머리를 싸맨다. 어렵게 편집한 장면을 날리는 건 언제나 고통스럽기 때문이다. 주관적으로 '재미없는 부분을 날려보자.' 해서 무턱대고 날렸다가는 날렸다 붙였다 하는 과정을 반복하게 되는데, 이를 줄이기 위해 기준이 필요하다.

이 장면을 빼면 사건이 진행되는가?

여러 사건은 긴밀하게 짜여 그중 어느 하나라도 옮기거나 바꾸면 전체가 일그러지거나 망가져야 한다. 어떤 사건이 들어 있든 들어 있지 않든 차이가 나지 않는다면, 그 사건은 전체에 반드시 필요한 부분이 아니다

- 아리스토텔레스, 『시학 8장』 : 마이클 티어노, 『스토리텔링의 비밀』, 김윤철 옮김, 아우라, 2008, P.53 재인용

물론 우리는 밤새 편집한 장면에 애정이 있어 날리는 게 힘들다. 하지만 시간을 맞추기 위해 어떤 장면을 날려야만 할 때, 우

리는 애정을 빼고 건조하게 바라볼 필요가 있다. 우리가 1시간 짜리 프로그램을 만든다고 치자. 우리는 출연자가 어떤 동기로, 무언가를 성취하기 위해 하는 행동들과 그로 인해 벌어지는 사건들을 연결해서 기획의도를 이루도록 편집해 놨다. 이 중에는 출연자의 캐릭터를 드러내는 행동도 있고, 재미있는 상황도 있고, 배경 설명을 하는 장면도 있을 것이다. 그래서 총 2시간의 편집본이 나왔다. 이제 1시간을 걷어내야 한다. 마가 뜨는 컷마다 몇 초씩 줄이면서 다듬어봤자 1시간을 줄일 수는 없다. 이럴 때는 어떤 사건이나 장면을 통째로 날려야 한다. 가장 먼저 해야 할 것은 날렸을 때도, 출연자가 결말을 향해 달려가는 데 지장이 없는 장면을 찾는 것이다. 우리는 기획의도를 이루는 것이 최종 목적이다. 이를 위해서 출연자가 절정과 결말을 향해 달려가야지만, 기획의도를 이룰 메시지가 분명히 전달된다. 고로 각 장면들의 진짜 할 일은, 결말을 향해 사건을 전진시켜야 하는 것이다. 그리고 이러한 전진을 위해서, 각 사건들은 개연적이고 필연적인 인과관계로 연결돼야 한다. 그래야 시청자는 속았다는 느낌 없이 몰입하게 된다. 사건을 전진시키지 않는 장면을 찾아내자. 그 장면은 필연성과 개연성 없는 장면일 가능성이 높다. 그래서 굳이 그 장면이 없더라도 무리 없이 다음 사건으로 이어진다. 아리스토텔레스가 시학에서 말했듯이, "어떤 사건이 들어 있든 들어 있지 않든 차이가 나지 않는다면, 그 사건은

방송 연출 기본기 PD 지망생과 입문자를 위한 현장 지침서

전체에 반드시 필요한 부분이 아니다." 바로 그 장면이 날릴 수 있는 첫 번째 대상이다. 하지만 예능 콘텐츠를 한다면 '시청자의 즐거움'이 첫 번째 기준이 된다. 시청자가 즐겁다면, 사건의 인과관계가 부족한 어떤 에피소드나 상황(시바이)을 웃음을 위해 넣을 수 있고, 시청자는 한바탕 웃고 넘기는 것이다. 그것이 예능 콘텐츠를 보는 이유니까. 자신이 예능 편집을 하고 있다면 '이건 전체에 반드시 필요한 부분이 아니야.'라고 무턱대고 날려 버리기 전에, '시청자의 즐거움'이라는 예능의 존재 이유를 생각해 봐야 한다.

오로지 설명만을 위한 장면인가?

캐릭터는 출연자에 대한 감정이입을 돕고, 설명은 시청자가 알아야 할 정보를 전달해 상황 파악을 돕는다. 『시나리오 가이드』에서도 이를 반드시 필요한 요소라고 말한다. "단, 요리의 주재료로서가 아니라, 양념으로서."[D.하워드·E.마블리, 『시나리오 가이드』, 심산 옮김, 한겨레출판, 1999, P.102]

하지만 요즘에는 캐릭터 잡기의 중요성이 커져서, 어떤 캐릭터인지 설명하는 장면(구다리)을 따로 만들어 본 사건 전에 붙여 넣기도 한다. 주재료도 아닌 이런 양념들을 방송 분량을 잡아먹으면서까지 시청자에게 미리 설명할 필요가 있을까? 굳이?

캐릭터는 '출연자가 원하는 것을 이루려는 행동과 그 동기를 필연성, 개연성 있게 붙여 나가기'만 해도 자연스럽게 드러나는데 말이다. tvN 〈꽃보다 할배〉에서 '직진 순재'의 모습을 하이라이트로 모아 굳이 여행 전 1회에 붙이지 않더라도, 여행하는 도중 '이순재'의 행동을 통해 우리는 그가 '직진 순재'라는 걸 안다. 그것도 하이라이트보다 더 임팩트 있게 각인된다.

또한 배경이나 상황 설명을 위해 프롤로그를 길게 만들거나, 설명 장면을 아예 따로 만들기도 한다. 이런 장면도 시간을 잡아먹는다. 친절한 설명 장면이 없더라도 시청자는 늘 상황을 파악한다. SBS 〈런닝맨〉을 보자. 시청자는 복잡한 게임 방식과 미션을 파악하지 못한 상태에서도, 멤버들이 행동하는 모습을 보고 게임 방식과 미션을 파악한다. 여러 에피소드는 전편을 보지 않고 내용을 알아내기도 한다. 〈무한도전-돈가방을 들고 튀어라〉는 3편으로 이뤄졌는데, 1편을 보지 않고 2편을 보더라도 어떤 내용인지 대충 알 수 있다. 멤버들은 오로지 한 가지 목표만을 성취하기 위해 행동하고 있다. 어느 부분을 보더라도 멤버들은 본인이 돈가방을 차지하려고 애쓰는 것이다. '박명수-노홍철의 3차·4차 데블 매치'라는 자막을 보고, 시청자는 '이 둘이 돈가방을 놓고 서너 번을 싸웠구나. 그전에도 두 번을 싸웠네.' 미루어 짐작한다. 입수할 수 있는 모든 정보를 파악해 미루어 짐작하고, 그 과정에서 몰입되는 것이다. 시청자는 매우 똑똑하다. 유머는 설명하는 순간 재미 없어지는 것처럼, 친절히 다 설명해버리면 지루해져 몰입이 깨진다. 캐릭터나 정보 설명 등의 장면을 따로 만드는 것보다 더 효과적인 방법은, '진행되는 사건 안에 녹이는 것'이다. 정리하면 첫째, 캐릭터는 진행되는 사건 안에서, 목표를 향한 출연자의 행동 특징을 일관성 있게 붙여나가며 잡는다. 둘째, 전달해야 할 정보는 진행되는 사건 안에서, 시청자가 미루어 짐작할 수 있도록 출연자 간의 대화 등을 통해 흘린다. 셋째, 사건이 진행될수록 명확해지는 정보에 대한 설명 장면은 날린다. 이것이 시간을 줄이면서도 시청자를 몰입시킬 방법이다.

'준비'와 '여파' 장면은 꼭 필요한가?

사건이 일어나기 전 시청자를 준비하도록 만드는 '준비' 장면과 사건이 일어난 후 그 사건을 시청자가 소화할 수 있도록 만드는 '여파' 장면은 사건이 전진하는 데 필요한 장면은 아니다. 따라서 상기한 것처럼 날릴 수 있는 대상이 된다. 하지만 시간이 부족하다고 해서 이것들을 다 날린다면, 어떻게 될까? "A가 일어나서 B가 일어났구나. 그래. 그래서 C 다음에 D 다음에 E …." 사건에 집중할 수 있는 시간, 의미를 생각할 수 있는 시간을 주지 않는다면, 시청자는 그저 필연성과 개연성으로 이어진 사건들을 따라가기 급급하게 될 수 있다. 누구나 뭘 하려면 시간이 주어져야 한다. 사건에 참여할 수 있는 시간을 주는 장면이 준비 장면과 여파 장면이다. 기획의도를 드러내는 중요 사건에 붙어있는 경우 가급적 날리지 말고, 그 외 다른 사건들에 붙어있는 경우 이 장면들이 반드시 필요한지 판단하자. "모든 신들이 준비와 여파를 필요로 하는 것은 아니다."[D.하워드·E.마블리, 『시나리오 가이드』, 심산 옮김, 한겨레출판, 1999, P.155]

3줄 요약

분량을 줄여야 할 때 날릴 수 있는 장면은, 사건 진행에 상관없는 장면, 설명만을 위한 장면, 준비와 여파를 위해 붙은 장면이다.

> **TIP**
>
> MBC <출발! 비디오 여행>처럼 영상을 줄여 스토리를 전달하는 모든 '압축 편집'에서 위의 방법들이 사용된다. 영화와 드라마의 경우 사건이 진행되는데 필요 없는 장면들만 날려도 30% 이상의 분량이 날아간다.

17

빠른 속도감을 내는 방법
편집 리듬 1

우리는 영상 제작을 하며, 빠른 속도감을 내고 싶거나, 강한 충격을 주고 싶을 때가 있다. 이를 '리듬'을 만든다고 하는데, 이 '리듬'은 음악처럼 '빠르다, 느리다'란 속도감, '강하다, 약하다'란 에너지의 충돌로 만들어진다. 원리를 깨치기 위해, 일단 빠른 리듬을 만드는 방법을 알아보자.

'빠른 리듬'을 만드는 방법

1. 컷의 지속시간을 짧게 하고, 많은 컷을 붙인다.
2. 빠른 움직임, 빠른 대사, 빠른 전개, 빠른 카메라 워킹을 사용한다.
3. 움직임의 과정을 모두 보여주지 않는다. "동작의 핵심만이 아니라 시작, 중간, 끝 전체를 보게 되면 움직임의 원인과 방향을 확실히 알게 되고, 확실하지 않을 때 느끼게 되는 빠른 속도감이 사라지게 된다."[캐런 펄먼, 『커팅 리듬, 영화 편집의 비밀』, 김진희 옮김, 커뮤니케이션북스, 2014, P.50~51]
4. 샷의 크기 등 충돌을 활용해 템포를 조절한다. 밀당처럼 조였다 풀었다 템포를 조절하면 상대적으로 속도감이 배가된다.(a.k.a. 상대성원리)

음악에서 짧은 음표를, 많이 쓴다. 영상에서 짧은 컷을, 많이 쓰고, 움직임의 중간 과정을 생략한다. 이 방법들의 공통된 목적은 빠른 속도감을 위해서다. 그렇다면 왜 이 방법들이 빠른 속도감을 느끼게 할까? 많은 컷을 보여준다는 건, 시청자에게 새로운 시각 정보를 계속해서 전달한다는 의미다. 짧은 지속시간의 컷, 움직임의 중간 과정을 생략한다는 건, 시청자가 그 시각 정보를 제대로 파악하지 못하도록 방해한다는 의미다. 그래서 원리는 이렇다. 전달되는 컷의 정보를 모두 파악하지 못하고 컷이 넘어갈 때 시청자는 빠른 속도감을 느낀다. 완벽히 이해하지 못해서 추측하게 되고, 추측 속도보다 컷의 변화가 빨라서 추측이 끝나기도 전에 또 새로운 시각 정보가 전달되는. 즉 머리가 시각 정보를 따라가지 못해서 리듬이 빠르다고 느끼는 것이다. 그 결과, 이해하기 위해 머리를 긴장시키고 적극적으로 장면을 따라가게 된다. '이해하기 힘들게 만들어 추측하게 한다.' 이것이 바로 빠른 리듬이 몰입을 만드는 원리다. 그리고 우리는 방법보다 원리를 이해해야 한다. 예를 들어, 나무늘보의 촬영본이 있다고 치자. 방법만 알아서 무작정 컷의 지속시간을 짧게 하고, 컷을 쪼개 편집한다. 하지만 그래도 빠른 리듬은 생기지 않는다. 왜냐? 나무늘보의 감정 없는 느린 움직임은 시청자가 이해하기 힘들지도 않고, 추측도 하지 않기 때문이다. 또 '이해하기 힘들게 만들겠어!'란 욕심이 과해 계속 빠르게만 컷을 넘기면, 시청자는 따라가려고 애쓰다가 흐름을 놓치고 포기한다. '와~ 뭔 내용인지 1도 모르겠다! 딴 거 보자!' 아예 안 보게

148   **방송 연출 기본기** PD 지망생과 입문자를 위한 현장 지침서

되는 것이다. 여기까지는 이해가 됐어도 의아한 부분이 남았을 것이다. '충돌? 충돌이 뭐지? 뭔데 샷의 크기로 빠른 리듬을 만들 수 있다는 거지?'

'충돌', 시각적 충격

영화 〈다크 나이트〉의 첫 장면을 떠올려보자. 한 빌딩의 창문이 깨질 때까지 도시 전경을 익스트림 롱 샷으로 길게 비추다가, 바로 다음 컷에 악당의 타이트 바스트 샷을 짧게 붙였다. 긴 익스트림 롱 샷에서 짧은 타이트 바스트 샷으로의 갑작스러운 변화. '엇! 뭐지!?' 이 충격이 '충돌'이다. 다시 말해 '충돌'은 컷과 컷이 붙으며 생기는 시각적인 충격을 말한다. 그리고 그 충격을 일으키는 컷의 시각 정보, 즉 충돌 요소는 '롱 샷/바스트 샷'처럼 샷의 크기만 있는 게 아니다.

예이젠시테인은 빛, 움직임, 형태, 방향성, 분위기, 숏 사이즈, 초점거리, 대비, 규모, 숏 길이, 속도, 연기, 상징 등 이미지와 사운드의 모든 측면이 사람의 눈에 매력적인 요소로 작용할 수 있다고 설명했다. 숏에 들어 있는 이들 각 요소는 우리의 관심을 끄는 것들이다.

- 캐런 펄먼, 『커팅 리듬, 영화 편집의 비밀』, 김진희 옮김, 커뮤니케이션북스, 2014, P.163

컷은 위와 같이 다양한 충돌 요소를 담을 수 있고, 다음의 예시처럼 충돌 요소가 대비되는 컷들을 붙이면 충돌이 난다.

그러므로 빛과 어둠, 클로즈업과 와이드 숏, 왼쪽에서 오른쪽으로의 움직임과 오른쪽에서 왼쪽으로의 움직임, 정적과 활동, 종교와 정치 등을 배치했을 때 컷에서 충돌이 만들어진다. 이들은 조화로움, 균일한 흐름, 평온함에 약간의 충격과 변화를 준다.
- 캐런 펄먼, 『커팅 리듬, 영화 편집의 비밀』, 김진희 옮김, 커뮤니케이션북스, 2014, P.163

충돌 요소의 대비가 클수록 시청자가 받는 충격도 커지는데, 그 충격으로 시청자의 뇌는 순간 브레이크가 걸린다. "그럼 안 좋은 거 아니에요? 튀는 거 아니에요?" 아니, 튀면 좀 어떤가? 충돌이 만들어내는 그 순간의 충격 때문에 시청자의 뇌는 시각 정보 파악에 멈칫하게 되고, 튀었던 부분을 이해하기 위해 장면에 집중하게 된다. 이것이 바로 충돌이 몰입을 만드는 원리다. 몰입을 만드는 게 있다면 뭐가 됐든 죄다 써먹어야 한다. 동의한다면 충돌이란 것도 써먹기 위해 다시 처음의 질문으로 돌아가 보자. 충돌은 어떻게 리듬을 만드는가?

"시청자의 뇌에 브레이크를 거니까 리듬이 느려지겠죠!" 맞다. 충돌은 느린 리듬을 만든다. "뭐예요! 아까는 빠른 리듬을 만드는 방법이라고 했잖아요!" 맞다. 충돌은 빠른 리듬도 만든다. 충돌로 시청자의 뇌에 브레이크를 건다는 건, 이해를 방해해 추측하게 만든다는 것이고, 그건 바로 빠른 리듬이 몰입을 만드는 원리와도 같기 때문이다. 그래서 '충돌'은 빠른 리듬을 만들 때도, 느린 리듬을 만들 때도 빈번하고 요긴하게 쓰인다. 그리고 '컷 지속시간이 짧은, 밝은, 풀 샷 vs 컷 지속시간이 긴, 어두운, 클로즈업'처럼 한 번에 여러 충돌 요소를 섞을 수도 있다. 당연히 충돌은 강화된다.

만화책으로 배우는 리듬

만화책은 영상이 아니다. 하지만 『슬램덩크』의 경기 장면은 빠르고 느린 리듬을 느낄 수 있다. 움직임도 없는 그림인데 대체 어떻게 리듬을 만든 걸까? 이제부터 만화책으로 리듬을 배우는 방법을 알아보자.

만화책을 보면 큰 컷과 작은 컷이 있다. 이제부터 각 컷에 우리의 눈이 얼마나 오래 머무르는지 신경 쓰며 만화책을 읽어보자. 작은 컷을 보자. 우리의 눈은 금방 다음 컷으로 넘어간다. 컷의 크기가 작은 만큼, 우리 눈에 들어오는 시각 정보도 적기 때문이다. 반면, 큰 컷에 우리 눈은 오래 머물러 있다. 컷의 크기가 큰 만큼 많은 시각 정보를 담고 있어서, 자세히 살펴보게 되기 때문이다. 이를 영상에 대입하면 다음과 같다.

- 만화에서 작은 컷 = 눈이 짧게 머문다. = 영상에서 컷 지속시간이 짧다.
- 만화에서 큰 컷 = 눈이 오래 머문다. = 영상에서 컷 지속시간이 길다.

만화책은 컷의 크기를 조절해, 영상에서 컷의 지속시간을 조절하는 것과 같은 효과를 낸다. 컷의 크기를 작게 해서 한 지면을 많은 컷으로 채운다는 건, 영상에서 컷의 지속시간을 짧게 해 많은 컷을 붙인다는 것과 같다. 이는 눈이 컷에 짧게 머무르는데 새로운 시각 정보는 계속해서 들어온다는 것. 들어오는 시각 정보를 따라가려고 머리가 집중하기 시작한다는 것을 뜻한다. 근데 이거 영상에서 빠른 리듬을 만드는 원리였는데? 맞다. 만화책도 같은 원리로 빠른 리듬을 만든다. 이를 반대로 적용해서 느린 리듬을 만들 수도 있다. 또한 위에서 다뤘던 충돌의 원리를 그대로 이용해 리듬을 만들기도 한다. 만화책에서 컷을 읽는 순서에 따라, 충돌 요소의 차이가 있는 컷을 전후로 배치하는 것이다. 예를 들어 풀 샷과 클로즈업을 이어서 붙여놨다면, 컷의 충돌로 사고가 멈칫해 우리 눈은 집중해서 제대로 살펴보기 시작한다. 느린 리듬을 만든 것이다. 이렇듯 만화책은 '컷의 크기'를 '컷의 지속시간'으로, '대비되는 컷의 배치'를 '충돌'로 활용함으로써, 능수능란하게 '리듬'을 창조한다. 그래서 모든 만화책은 리듬을 배울 수 있는 훌륭한 영상 콘티가 된다.

시청자가 느끼는 영상 리듬은, 계속해서 이어지는 컷의 정보를 파악하기 쉬
운가, 어려운가에 따라 달라진다. 그 조절을 위해 컷의 지속시간, 컷의 빈
도, 충돌 등 여러 편집 기법이 쓰이고, 이러한 기법으로 만들어진 리듬을 '편
집 리듬'이라 한다.

긴장감을 주는 방법
편집 리듬 2

18

긴장감을 주는 방법, 소위 '쪼는' 방법엔 공통점이 있다. 바로 시간을 늘리는 것이다. 정확히는 중요한 부분에서 리얼타임보다 체감 시간을 늘리는 것이다. 왜냐? 결과를 늦게 보여줘서 조마조마 애태우게 만들기 위해서다. 시청자를 애태우는 방법은 무엇인가?

리듬의 조절

빠른 리듬은 시청자를 추측하게 하고 따라가게 만들어 긴장을 유발한다. 하지만 제대로 된 긴장감을 주고 싶다면, 시청자에게 지금의 상황을 이해시켜 놔야 한다. '지금 상황은 알겠어! 그래서 다음은 어떻게 되는데?' 기대라는 것도 뭘 알아야 할 수 있기 때문이다. 그래서 사용되는 건 '느린 리듬'이다. 느린 리듬을 만들기 위한 방법은 빠른 리듬을 만들 때와는 반대다.

'느린 리듬'을 만드는 방법
1 컷의 지속시간을 길게 하고, 적은 컷을 붙인다.

2 충돌 요소를 활용해 시청자의 뇌를 멈칫하게 한다.

3 대사와 감정 변화를 줄인다. 출연자의 목표와 감정을 고정해, 시청자도
샛길로 빠질 틈을 주지 않는다.

4 움직임의 동선을 모두 보여준다. 슬로(Slow)를 걸어 보여줄 수도 있다.

이 방법들로 시청자는 출연자의 행동을 모두 파악하게 되고,
모두 파악하게 되니 추측할 일이 없어 리듬은 느려진다. 추측할
일이 없어진 시청자는 다음 장면이 궁금할 뿐인데, 리듬이 느려
진 만큼 사건의 진행은 더디다. 그래서 시청자는 다음 장면이
알고 싶어 애가 타게 된다. 여기서 중요한 것은, 모든 속도는 '상
대적'이란 것이다. 각 컷의 지속시간이나 속도가 모두 같다면,
다시 말해 '쿵쿵쿵쿵쿵'이라면 리듬이 느린지 빠른지 알 수 없게
된다. 리듬이 없어지는 것이다. 리듬이 없는 이야기엔 긴장감
은커녕 집중하기도 힘들다. 생각해 보자. 스님들이 불경을 외울
때도 속도와 강약이 다른 리듬이 있다. 빠른 리듬이 있어야 느
린 리듬이, 느린 리듬이 있어야 빠른 리듬이 느껴지는 것이다.
시청자에게 긴장감을 주려면, 컷의 지속시간, 컷의 빈도, 충돌,
동선이나 속도를 조절하는 방법으로 중요한 장면에 '느린 리듬'
을 만들자. 중요한 장면이 나오기 전엔 '빠른 리듬'을 섞어 템포
를 조절해 '느린 리듬'을 강조하자. 퀴즈쇼에서 후루룩 맞추다
가 마지막 문제 정답 발표할 때, 같은 컷 몇 번 더 붙이고 슬로

(Slow) 거는 것처럼. 그러면 중요한 장면에 대한 시청자의 체감 시간이 늘어나 애가 타게 된다.

'평행 편집', '리액션', '플래시백'

컷의 지속시간, 컷의 빈도, 충돌, 동선이나 속도를 조절하는 방법으로 리듬을 조절할 수 있지만, 시간을 지연시키는 또 다른 방법도 있다. 중요 행동 전후에 다른 장면이나 사건을 끼워 넣어 이야기 전개의 완급을 조절하는 것이다. 가장 많이 쓰이는 것은 '평행(교차) 편집'이다. 평행 편집은 한쪽 출연자의 이야기를 진행하면서, 동시 혹은 다른 시간대, 다른 곳에서 벌어지는 일을 보여주는 편집 기법이다. 예를 들어보자. 'A는 학교에 갔다. (한편) B는 결석을 했다.' 여기서 이 (한편)!

평행 액션(parallel action)은 한편이라는 말로 표현할 수 있다.
- 캐런 펄먼, 『커팅 리듬, 영화 편집의 비밀』, 김진희 옮김, 커뮤니케이션북스, 2014, P.184

즉, 중요 행동 전후에 평행 편집을 쓰게 되면, 갑자기 '한편' 다른 쪽의 이야기를 보여줌으로써 시간을 지연시킬 수 있게 된다. 하지만 이건 부차적인 장점이고, 평행 편집의 근본은 정보 전달에 있다. 다시 예를 들어보자. '학교 조별 과제 발표날. A는 학교에 갔다. (한편) 발표자 B는 집에 있다.' A는 발표자 B가 집에 있는 걸 모른다. B는 A가 학교에 간 걸 모른다. 양쪽의 일을 모두 알게 되는 건 시청자뿐이다. 그래서 어떤 효과가 나느냐? 시청자는 상황을 그냥 보는 게 아니라, 각각의 상황 정보를 가지고 생각하고 판단하게 된다. '야~ 발표자 B가 학교 안 갔네. A 망했네. 조별 과제 어떻게 될까?' 남들이 모르는 정보를 얻은 사람들은 급관심이 생겨, 스스로 생각하고 몰입하게 되는 것이다. 또 이렇게 얻게 된 정보는 시청자를 두렵게 만들고 긴장시키기도 한다. 예를 들어, 추격 장면을 만든다고 치자. 쫓기는 자, 쫓는 자의 컷을 교대로 붙이면, 쫓기는 자가 잡히게 될 타이밍을 지연시켜 시청자를 애태울 수 있다. 금방 잡히는 건 싱거우니까. 또 이들의 위치 정보를 시청자에게만 줌으로써, 시청자를 긴장시킬 수 있다. 이 둘의 거리가 점점 가까워진다고 판단하게 됨으로써 시청자는 '감정이입' 한 출연자가 잡힐까 봐 애타게 되는 것이다. 이처럼 평행 편집은 각기 다른 장소에서 일어나는 각 사건에 대한 정보를 시청자에게만 던짐으로써, 이들이 서로에게 언제, 어떤 영향을 주게 될 것인지 생각하고, 판단하며, 기대하고, 두렵게 만든다. 앞서 다룬 '아이러니' 편집 구성에 상당히 쓰인다. 하지만 별다른 사건 전개나 정보 전달도 없는데 주말 드라마처럼 과도하게 써버린다면 '분량 늘리려고 난리가 났구나.' 시청자의 짜증과 스킵만 불러일으키게 된다.

평행 편집처럼 '편집'이라는 명칭이 붙을 정도는 아니라도, 시간을 지연시킬 때 쉽고 요긴하게 쓰이는 것이 있다. 바로 '리액션'이다. 중요 행동 전후, 출연자들의 리액션 컷을 끼워 넣는 것이다. 앞서 다룬 '준비'와 '여파'를 위한 편집 구성에 상당히 많이 쓰인다. '준비'를 위해 중요 행동 전에 리액션 컷을 끼워 넣으면, 어떤 일이 일어날 것인지 시청자가 대비하고 기대할 시간을 벌어줄 수 있다. 이 리액션 컷 때문에 다음 장면이 늦게 나와서 애가 타는 건 기본이다. '여파'를 위해 중요 행동 후에 리액션 컷을 끼워 넣으면, 시청가가 방금 일어난 행동의 의미를 되새기고 기뻐할 시간을 벌어줄 수 있다. 정리하면, 중요 행동이 일어나기 전과 후, 리액션 컷을 끼워 넣어 시청자를 애태우고, 같이 환호할 수 있도록 시간을 지연시켜 보자. 오디션 프로그램 우승자 발표 전과 후, 관객의 리액션 컷을 넣는 것처럼.

'플래시백'이라 불리는 회상 장면도 중요 행동 전후에 끼워 넣을 수 있다. 결과가 드러나기까지 시간을 지연시켜 애태울 수도 있지만, 감동까지 줄 수도 있다. 시청자에게 출연자에 관한 히스토리를 알려줌으로써, 행동의 숨은 의미와 감정을 짚어주기 때문이다. 정리하면, 시간을 지연시키면서 출연자의 감정과 행동의 의미를 강화하고 싶다면 '플래시백'을 사용해 보자. 오디션 프로그램 우승자 발표 직전이나 마라토너가 결승점에 통과하기 직전, 힘들었던 훈련 과정을 '플래시백'으로 보여주는 것처럼.

3줄 요약

긴장감을 주고 싶다면, 느린 리듬이나 평행(교차) 편집, 리액션, 플래시백 등 시간을 지연시키는 방법을 써보자. 지연되는 시간만큼 시청자는 애가 탄다. 허나 너무 지연돼서 너무 애가 타면 시청자는 영상을 꺼버린다. 적당히 하자.

대화에 빠져들게 만들 방법 **19**
대화 장면의 편집

영상 편집을 한다면, 우리 머릿속에 확실히 개념 잡아 놓을 것이 있다. 바로 '비디오 따로! 오디오 따로!' 비디오와 오디오는 언제라도 따로따로 내 맘대로 자를 수 있고, 독립적으로 갖다 붙일 수도 있는 것이다. 이것이 영상 편집의 기본 마인드다. 마인드가 장착됐다면, 이제 다른 가능성들이 펼쳐진다. 출연자의 입만 안 보인다면, 출연자의 어떤 말이든 갖다 붙일 수가 있다. 단적으로, 출연자가 뒤돌아서 "야호!"라고 했더라도, "나랑 결혼하자!"라는 오디오를 갖다 붙일 수도, 아예 삭제해버릴 수도 있다는 뜻이다. 본질을 훼손하지 않는 선에서, 기획의도 실현을 위해 시청자를 몰입시킬 목적으로 수정한다. 그것이 리얼리티다. 리얼리티 편집에선 비디오와 오디오의 싱크에 얽매이지 않는 유연한 사고가 필요하다. 이 유연한 사고가 실제로는 없는 명장면을 창조한다. 예를 들어보자.

안 선생님 : 백호 군은 우리 팀에 리바운드와 끈기를 더해 주었지. 태섭 군은 (중략), 대만 군은 (중략), 태웅 군은 (중략), 치수 군과 준호 군이 지금껏 지탱해 온 토대 위에 이만큼의 재능들이 더해졌네. 이것이 북산이야.

- 이노우에 타케히코, 『슬램덩크, 30권』, 대원씨아이

『슬램덩크』 30권에서는 안 선생님이 각 멤버의 재능을 차근차근 짚어주며 용기를 불어넣는 명장면이 있다. 하지만 안 선생님은 사실 어마어마한 수다쟁이라고 치자. 위 명대사들 사이에 구구절절 다른 말들이 섞여 있었다고 치자. 하지만 명장면을 만들려면, 명대사만 남겨야 한다. 안 선생님의 구구절절한 말들은 다 걷어내고, 각 멤버에 대해 말한 명대사만을 남겨 이어 붙이자. 이제 오디오는 매끄럽게 정리됐다. 비디오를 정리할 차례. 정리된 안 선생님 오디오 위에 대사를 듣는 북산고 농구부의 리액션 컷을 끼워 넣자. 이때 안 선생님이 멤버들에게 말한 순서를 바꿔도 좋다. 안 선생님이 대사를 시작하는 타이밍을 조정해도 좋다. 『슬램덩크』는 각 멤버에 대한 안 선생님의 대사 후 농구부의 리액션 컷 붙이는 걸 반복해, 다음 대사의 시작 타이밍을 늦췄다. 시청자에게 안 선생님 대사를 되새길 수 있는 시간을 준 것이다(여파). 안 선생님이 입을 벙긋거리는 비디오는 한 컷도 없지만 비디오와 오디오가 깔끔하게 정리됐다. 이제 명대사의 최종 멘트 "이것이 북산이야."를 붙여야 한다. 이 컷만은 안 선생님의 입이 보이는 정면 샷으로 가기로 하자. 지친 멤버들에게 동기를 불어넣을 주문이라 진정성이 있어야 하니까 리얼로 간다. 그에 대한 마지막 리액션 컷으로 멤버 모두를 한 컷에 담아 서로를 바라보는 행동으로 끝냈다. 이 컷은 대사 없이도 강렬히 외치고 있다. '우리가 북산이다!' 명장면이 탄생했다. 이때쯤 우리가 깨달아야 할 것이 있다. 명장면이 된 이유는 명대사 탓도 있지만, 그보다 북산고 농구부의 리액션 덕분이란 것이다. 전국 제패를 이루기 위해 북산고 농구부 모두가 이제야 진정한 한 팀이 되었다는 걸 행동으로 보여준다. 생각해 보자. 리액션 컷 없이, 끝까지 안 선생님이 말하는 정면 샷만 있었다면 어땠을까? 이 작전타임이 시청자의 기억에 남았을까? 그저 안 선생님의 말만 듣고 있을 뿐, 멤버들에 대한 생각은 멈췄을 것이다. 언제나 대사보다 행동이 강렬하다. 대화 장면의 편집을 하더라도, 대사를 뛰어넘어 더 많은 걸 드러내고 추측하게 만드는 행동이나 인서트가 있다면 활용해 보자. 그것을 보고 시청자는 생각을 멈추지 않을 것이다. 천 마디 말보다 사진 한 장이 낫다. 이 말은 대화 장면에서도 통한다.

대화 장면에서의 충돌

• 강백호와 유창수의 대화

유창수 : 유도부로 와! 그래서 전국 제패를 하자. (유창수 원샷, 바스트 샷)

강백호/유창수 : 난 농구를 할거야. / 뭐라구? 왜! (강백호 원샷, 바스트 샷)

강백호 : 난 바스켓맨이니까! (강백호 원샷, 미디엄 샷)

- 이노우에 타케히코, 『슬램덩크, 1권』, 대원씨아이

• 서태웅과 안 선생님의 대화

안 선생님 : 얘기하고 싶다는 건? 태웅 군. (풀 샷)

서태웅 : …. (서태웅 원샷, 클로즈업)

서태웅 : 미국에 가려고 합니다. (하이 앵글 와이드 샷)

- 이노우에 타케히코, 『슬램덩크, 21권』, 대원씨아이

이 대화 장면의 공통점은 무엇인가? 중요한 대답을 할 때, 모두 컷을 충돌시켰다. 샷의 크기나 앵글을 확실히 변화시켜, 전 컷과 확실한 '충돌'을 일으킨 것이다. 충돌이 나면, 시청자는 멈칫하고 출연자의 말에 집중하게 된다. 이렇게 집중을 시켜야 할 때, 즉 출연자 중 한 명 이상에게 변화가 생기거나, 중요한 말을 하거나, 대화 주제가 바뀔 때, 이어지는 컷을 충돌이 나도록 붙인다. 그 충돌만으로도 시청자의 뇌는 뭔가 변했다는 것을 감지하고 찾아내려 집중한다. 샷의 충돌 요소를 활용해 집중시킨 후, 출연자가 강한 주장이나 충격적인 말을 한다면 시청자에게 더 큰 임팩트까지 줄 수 있다. 이것이 대화 장면 연출과 편집의 원리다. 그냥 컷이 조금 튄다고 아무렇게나 원샷 갔다가 투샷 갔다가 풀 샷 갔다가 하는 게 아니다. 이런 원리로, 아무런 변화가 없다면 한 개의 샷으로 가도 무방하다. 아무런 변화도 없는데 괜히 지루한 것 같아서 이 샷 저 샷 옮겨 다니면, 시청자의 뇌는 불편함을 느낀다. 대화 내용은 변화가 없는데 컷의 충돌은 많아서 뇌에 자꾸 브레이크가 걸려버

리는, 이 부조화를 머릿속에서 처리하려다 보니 불편해지는 것이다. 이 원리는 단독 인터뷰에도 적용된다. 우리는 인터뷰를 촬영할 때, 몇 대의 카메라를 놓고 다른 크기와 앵글의 샷으로 촬영하곤 한다. 이는 출연자의 표정과 제스처 같은 행동을 모두 잡아내려는 목적도 있지만, 더 정확히는 컷을 충돌시킬 수 있게 하기 위함이다. 답변하는 출연자의 의지나 감정 변화가 생길 때, 중요한 대답을 할 때, 질문 내용이 변할 때 샷의 크기나 앵글을 확실히 변화시킨다. 답변이 지루해서나 컷이 튀어서 다른 크기, 다른 앵글로 바꾸는 것이 아니다. 생각해 보자. 컷이 조금 튄다고 샷을 바꾼다? 같은 크기, 같은 앵글의 샷에서 컷이 튄다는 건, 약간의 덜그럭거림. 다시 말해 약간의 '충돌'이 생긴다는 것이다. 이때 다른 크기, 다른 앵글의 샷으로 바꾸게 되면, 약간의 충돌이 큰 충돌로 바뀐다. 호미로 막을 걸 가래로 막는 격이다. 출연자가 말하는 내용은 변화가 없는데 이렇게 브레이크를 걸어버리면, 시청자의 뇌에 불편함을 주게 되고, 결국 말의 내용에 집중하지 못하게 만든다.

3줄 요약

출연자 행동의 본질을 훼손하지 않는 선에서 몰입을 위해 장면을 수정하거나 재구성해도 괜찮다. 그렇게 만들어진 대화 장면에서 출연자 중 한 명 이상에게 변화가 생기거나, 중요한 말을 하거나, 대화 주제가 바뀔 때, 이어지는 컷을 충돌시킨다.

20 모두를 기대시킬 방법
오프닝과 엔딩의 기술

'오프닝'의 기술

'보통'이라고 여겨질 정도로 자주, '정석'인가 싶어질 정도로 대부분 영상에서, 장면의 첫 컷은 롱 샷(풀 샷)이 붙는다. 어디서, 어떤 상황에서 시작하는지 일단 보여주는 것이다. 하지만 처음부터 독자들을 끌어당겨야 할 땐, 다른 컷을 시도해 보자. 클로즈업이나 인서트 같은 컷들로 말이다. 롱 샷으로 첫 컷을 시작하면, 시청자는 '여기서 뭔가 일어나려나 보다.'란 생각만 가지게 된다. 하지만 인물의 클로즈업이나 사물의 인서트를 첫 컷으로 붙인다면? 시청자는 이런 생각을 하게 된다. '이 사람은 뭐지? 이 물건은 뭐지? 여긴 어디지? 어떻게 이야기가 이어질까?' 롱 샷 시작과 달리, 시청자는 궁금증을 갖고 추측하게 되는 것이다. 그 후부터는 훨씬 더 이야기를 풀어나가기 쉽다. 궁금해진 시청자는 첫 컷 이후, 이어지는 컷들에서 정보를 끌어모아 여기가 어디인지, 어떤 상황인지 파악하려 애쓰기 때문이다. 이제 몰입한 시청자들의 의문에 대한 답을, 사건을 진행시키며 차근차근 붙여나가면 된다.

오프닝의 임무는, 본격적으로 전개될 이야기에 관심 갖도록 만드는 것이다. 그러려면, 시청자를 궁금하게 만들어야 하고, 추측하게 만들어야 한다. 시청자가 '추측'이라는 지적 활동을 하게 하려면, 우리는 '단서'들을 제공해야 한다. 추측이라는 건 단서가 부족해 생기는 활동이니, 오프닝에 모든 정보를 다 보여 줘선 안 된다. 그렇다면 오프닝에서 줘야 할 최소한의 정보는 무엇일까? 바로 출연자와 장소와 행동이다. '누군지 모를 이들이, 어딘지 모를 여기서, 뭔가를 하고 있구나!' 자세히 설명하지 말고 이 정도만 간단히 붙여보자. 이들이 누구인지, 여기는 어디인지, 뭘 하고 있는지, 나머지는 시청자가 추측해 나갈 것이다. 이때, 제대로 시청자를 궁금하게 만들고 싶다면, 출연자, 장소, 행동 정보를 어우러지게 만들자. 롱 샷으로 공간 정보 따로 설명, 다음에 출연자 정보 따로 설명. 이렇게 따로따로 붙이는 것보다, 오프닝에서부터 사건을 진행시키며 '이들이 누구인지, 어디서 무엇을 하고 있는지' 자연스럽게 정보들을 흘리자는 것이다. '단서'들을 캐치하려고, 시청자는 적극적으로 움직이게 되며, 동시에 분량까지 줄일 수 있다. 예를 들어 여행 프로그램이 있다고 치자. 첫 컷을 여행지 풍경으로 시작한다면, '이 아름다운 곳에서 뭘 하겠구나.'란 느낌만 주게 될 것이다. 하지만 출연자인 할배들이 길을 잃어 헤매는 컷부터 시작한다면? '할배들이 어디선가 길을 잃었구나. 힘드시겠네, 어쩌지? 도대체 여긴 어디지?'란 궁금증이 생길 것이다. 다음 컷에 '할배들이 길을 찾는 중인 유럽 롱 샷'을 붙인다면, 시청자는 자연스레 이곳이 '아름다운 유럽'이며, 동시에 '아름답긴 하지만 말도 안 통하는 유럽'이란 느낌도 받게 될 것이다. 이제 시청자는 걱정 반, 기대 반의 상태가 된다. '할배들은 말도 안 통하는 유럽에서 어떻게 길을 찾아 여행을 계속하실까?' 이것이 시청자를 기대시킬 오프닝의 방법이다.

'엔딩'의 기술

시리즈를 만들기 위해, 엔딩을 맺을 때 『슬램덩크』가 사용한 방법을 살펴보자.

1. 산왕에게 크게 지고 있지만, 강백호는 산왕을 쓰러뜨리겠다고 선언한다. '강백호가 뭔가 보여줄 것 같아!' 독자들을 기대시키는 강백호의 컷에서 끊었다(『슬램덩크, 27권』 엔딩).
2. 등 부상으로 쓰러진 강백호는 다시 일어나 채소연에게 '농구를 좋아한다'고 고백한다. 강백호의 부상을 보고 긴장했던 독자들은, 부활한 그를 보고 기대한다. '강백호, 최악의 상황에서도 뭔가 보여줄 것 같아!' 기대감과 감동까지 주는 강백호의 컷에서 끊었다(『슬램덩크, 30권』 엔딩).
3. 능남이 대추격전을 펼치는 가운데, 정대만이 쓰러졌다. '정대만 없이 능남을 이길 수 있을까?' 독자들을 두렵게 만드는 정대만의 컷에서 끊었

다(『슬램덩크, 20권』엔딩).

4 정우성의 3점 슛으로 산왕이 역전했다. '저 대단한 산왕을 이길 수 있을까?' 독자들을 두렵게 만드는 산왕의 역전 장면에서 끊었다(『슬램덩크, 26권』엔딩).

『슬램덩크』는 독자들이 기대감과 두려움을 갖는 타이밍에 엔딩을 맺었다. 어떨 때 기대감과 두려움을 가질까? 시청자는 '감정이입' 해 지지하는 출연자가 '갈등'을 해결할 수 있을 것 같을 때, 기대감을 갖는다. 그리고 '갈등'을 도무지 해결할 수 없을 것 같을 때, 두려움을 갖는다. 그리고 '주인공은 이긴다.'라는 사실은 이미 알고 있으므로, 어떻게 갈등을 해결할 것인지 애태우며 기다리게 된다. 출연자가 '갈등'을 해결하기 직전 끊는다. 이것이 이어질 다음 이야기에 시청자를 기대시킬 엔딩의 방법이다.

3줄 요약

모두를 기대시킬 오프닝과 엔딩을 원한다면 시청자를 추측하게 만들어라. 오프닝은 사건을 진행시키면서 출연자, 장소, 행동에 관한 정보를 자연스럽게 흘린다. 엔딩은 출연자가 갈등을 해결하기 직전 끊는다.

21 소리를 쓰는 방법
오디오와 사운드의 기술

빠른 편집

편집을 계속하며 느낀 것이 있다. 사람은 오디오에 민감하다. 컷이 튀는 것보다, 오디오가 튀는 것을 못 견딜 정도로 오디오에 민감하다. 오디오가 매끄럽게 연결돼 있으면, 컷이 좀 튀어도 대수롭지 않게 넘어가는 경우가 많고, 다음 컷의 오디오가 먼저 들리면, 컷이 튀지 않는 것처럼 느끼기도 한다. 그래서 영상을 매끈하게 다듬을 때, 다음 컷의 오디오를 비디오가 나오기 전 2~3 프레임 먼저 삽입하는 스플릿 편집을 쓰기도 한다. 오디오의 이런 위력에 기대, 편집 빨리하는 방법을 말하자면

STEP 1) 구성을 잡고 먼저 오디오 편집을 한다. 이때, 비디오는 컷이 튀든 말든 전혀 신경 쓰지 말자. 오디오가 매끄럽게 이어져 말이 되는 것에만 집중해 편집한다.

STEP 2) 튀는 컷을 다른 컷으로 바꾸거나, 샷의 크기를 조정하거나, 인서트 컷을 넣는 식으로 정리한다. 여기까지만 해도 볼만해진다.

STEP 3) 인트로, 아웃트로, 인터뷰, 자료 등을 끼워 넣는다. 그러면 좀 더 구성물 같아 보인다.

STEP 4) 마지막으로 음악을 깔면, 영상이 매끄러워진다.

이것이 빠르게 영상 한 편 뚝딱 만드는 방법이다. 이 정도만 해도 초보티를 벗어난 매끄러운 영상을 만들 수 있다. 재미는 보장 못 하지만.

음악 편집

항생제는 나쁜 균을 죽인다. 대신 좋은 균도 죽인다. 영상에서 음악도 그렇다.

• 음악사용의 장점

[1] 음악은 리듬과 멜로디로 분위기를 만드는 하나의 작품이다. 그래서 우리는 쉽게 그 분위기를 빌려 쓸 수 있다. 방법은 그저 영상에 음악을 까는 것이다. 예를 들어, 긴장감 넘치는 분위기를 빌리고 싶을 때, 영화 <할로윈>의 메인 테마 음악을 깔면, 당장이라도 무슨 일이 벌어질 것 같은 영상이 된다. 나무늘보 촬영본에 이 음악을 깔면 당장 나무늘보에게도 무슨 일이 생길 것 같은 분위기를 낸다. 그렇게 효과가 강하다.

[2] 음악은 리듬이 있다. 빠른 리듬이나 느린 리듬을 만들고 싶을 때, 원하는 리듬의 음악을 깔고, 그 음악 리듬에 맞춰 컷을 붙여나가자. 드럼이

나 베이스 비트에 맞춰 컷을 쪼개고, 드럼이나 베이스를 강하게 칠 때는 클로즈업, 약하게 칠 때는 와이드 샷을 붙이는 식으로 하면 영상 리듬은 음악 리듬처럼 만들어진다. 영상만으로 어떻게 리듬을 만들어야 할지 판단이 안 설 때, 만든 영상에서 리듬이 느껴지지 않을 때 사용하면 효과가 좋다.

③ 음악을 깔면 튀는 컷들, 장면들, 사건들이 매끄럽게 연결돼, 조화로운 한 편의 영상이 완성된다.

• 음악사용의 단점

① 시청자는 영상 자체의 리듬에 빠질 때, 영상에 온전히 집중하게 된다. 하지만 영상 리듬과 어긋나거나 어울리지 않는 음악이 깔린다면? 그 즉시, 음악은 영상 리듬과 분위기를 죽인다. 음악 자체가 한 편의 완성된 작품이라, 그 리듬과 분위기가 너무나 강하기 때문이다. 음악을 잘못 쓰면 그때부터 리듬의 주도권은 음악으로 넘어가, 시청자의 영상 집중을 방해한다. 하지만 영상 리듬과 음악 리듬이 어울릴 때, 그 시너지는 대단해서 안 쓸 수도 없는 노릇이다. 그럼 어떻게 해야 할까? 이를 피하기 위한 가장 좋은 방법은 영화처럼, 편집본에 맞춰 음악을 작곡하는 것이다. 하지만, 이 방법은 가난한 우리에겐 현실성이 없다. 그나마 현실성 있는 방법은

STEP 1) 어울리는 음악을 찾아 깐다.

STEP 2) 편집 중간마다 음악을 끄고, 원하는 대로 편집 리듬이 만들어지고 있는지 확인한다.

STEP 3) 음악감독에게 후반작업을 맡길 경우, 편집 시 썼던 음악을 참고용으로 전달한다.

② *음악은 낱개의 음이 아니라 전체적인 흐름으로 전달되기 때문에, 이미지들도 흐름으로 인식되게 하고, 잘못 커팅 되었을 가능성이 있는 부분조차도 자연스럽게 연결시킨다.*

- 캐런 펄먼, 『커팅 리듬, 영화 편집의 비밀』, 김진희 옮김, 커뮤니케이션북스, 2014, P.xxiii

잘못 편집되거나 안 그래야 할 부분까지 매끄럽게 연결돼버리니, '충돌'이 나도록 의도하거나 영상 자체의 리듬을 살려야 할 부분은 음악사용을 자제하자. 대신 영상 리듬을 만들 땐 영상 자체의 오디오가 도움 된다. 예를 들어, '쾅'하고 문 닫는 소리, '툭'하고 책 덮는 소리, '큭'하고 헛기침하는 소리 등은 리듬의 강세로 작용하고, 컷을 바꿀 때 이런 소리를 넣으면 컷도 튀어 보이지 않는다.

음악은 리듬과 분위기를 만들기 쉽고, 거칠게 붙었던 컷을 매끄럽게 연결하기도 쉬워서, 한번 쓰기 시작하면 헤어 나오기가 힘들다. 나중에 영상만으로 리듬을 만들려고 해도, 훈련되지 않아서 하기 어렵다. 그래서 다시 음악에 손을 댄다. 음악만이 나

라에서 허용한 마약이라고 했던가. 그래도 장점이 있으니 항생제 쪽이 가깝겠다.

'내레이션'

처음 방송일을 시작한 2005년에 들었던 지침은 '방송은 중학교 2학년 학생도 이해할 수 있을 정도로 만들어라.'였다. 그래서 과정을 다 보여주고, 설명했다. 하지만 지금은 다르다. 그때의 중학교 2학년 학생들은 30대가 됐고, 지금의 중학교 2학년 학생들은 날 때부터 영상을 접했다. 모두가 똑똑해졌고, 예전 방송국의 지침은 이들을 무시하는 과도한 친절이 됐다. 그리고 이런 과도한 친절의 수단으로 남용되는 것이 대사, 내레이션 같은 오디오 기술이다. 남용을 막기 위해 염두에 둘 말은 '굳이?'다. 설명을 위해 내레이션을 넣을까 싶을 땐 영상을 보고 스스로에게 묻자. 영상으로 충분히 설명되는가? 된다면 '굳이' 넣어야 하는가? 아니면 '굳이' 넣고 싶은 건가? 오디오가 비거나 자막이 없으면 견디질 못하는 성격인가? 설명이 충분한 영상을 대사, 내레이션 같은 오디오로 설명하는 건 두 번 말하는 것이다. 여기에 자막까지 더하면 세 번 말하게 된다. 행여 강조의 의미라도 세 번까지 설명할 필요는 없다. 과도한 설명은 똑똑해진 시청자의 추측을 멈추고 몰입도 멈춰,

영상을 재미없게 만든다. 대사, 내레이션처럼 오디오를 통한 기술에서 경계해야 할 것은, 설명하려 할 때다. 영상만 있는 게 왠지 허전해서 이 기술들로 오디오를 채워 넣고 싶다면, 다시 한번 영상을 보자. '굳이?'라는 생각이 들면 넣지 말자. 과유불급이다. 그렇다면 대체 언제 쓰는 게 좋을까? 영상에서는 행동이 아닌 말로 설명하는 것을 경계해야 한다고 했으니, 반대로 출연자의 행동으로 드러낼 수 없다면 죄다 요긴하게 쓸 수 있다는 뜻도 된다. 특히 내레이션은 행동으로 설명하려면 많은 분량을 잡아먹거나 곤란한 내용을 짧게 요약해 전달할 수 있다는 장점이 있다. 그래서 본격적인 사건이 시작되기 전이나 끝난 후인 하이라이트나 프롤로그, 에필로그에 자주 쓰인다. 그러나 그 장점이 가장 많이 쓰이는 건, 이야기를 말이 되게 만들려고 할 때다. 프로그램 밖 진행자로, 해설과 정리, 출연자의 의도나 감정을 오디오로 설명하면서 부족한 필연성과 개연성을 강화하는 것이다. 효과가 너무 좋다 보니 남용되고 악용되기도 한다. 의도가 드러나는 행동이고 나발이고 '그냥 빨리빨리 대충 찍고 대충 붙이고 내레이션으로 때우자.'가 되는 것이다. 예전엔 너무 친절하게 설명하려 해서 남용됐는데, 지금은 프로그램 양산용으로 남용된다. 지겹도록 강조한다. 영상은 행동으로 말하는 게 기본이다. 오디오를 어떻게 써야 할지 고민될 땐, 영상은 라디오가 아니라는 사실을 떠올리자.

시청자는 비디오보다 오디오에 민감하다. 그래서 오디오 기술은 효과가 좋아 남용되기 쉽다. 음악, 대사, 내레이션 같은 오디오 기술을 쓸 땐, '굳이' 써야 하는지 생각해 보자. 영상은 행동으로 말하는 게 기본이다.

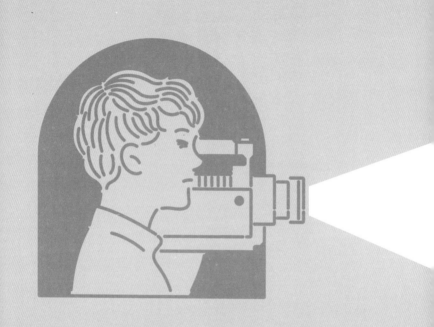

CHAPTER 03

공동 작업 기본기

조별 과제
기획

방송에서의 기획(프리 프로덕션)이란 촬영 전, 기획의도를 이룰 방법을 생각하고 준비하는 과정이다. 그 끝엔, 프로그램의 '최종 이미지'가 나와야 한다. '최종 이미지'란 뭘까? 건축물 설계도면 중 조감도와 투시도란 게 있는데, 완성되면 실제로 어떤 모습일지 건축물의 전체적인 모습을 한눈에 알 수 있게 해준다. '최종 이미지'는 이처럼, 기획의도가 완성되면 실제로 어떤 모습일지 프로그램의 전체적인 모습을 알 수 있게 해주는 것이다. 전체적인 모습만 알 수 있다면 그게 대본처럼 글이 됐든, 콘티처럼 그림이 됐든, 그냥 생각뿐이든 어떤 형태든 상관없다. 또 조감도와 투시도에 건축물을 짓기 위한 정확한 정보가 없는 것처럼, '최종 이미지'에도 세세한 구성이나 지침은 없어도 된다. 영화나 드라마가 아니라면, 아무리 정교하게 짜봤자 촬영 현장이 그렇게 흘러가지도 않는다. 사건, 사고, 날씨 등등. 변수가 너무 많기 때문이다. 그래서 더더욱 반드시 '최종 이미지'가 필요하다. 퍼즐 맞출 때를 생각해 보자. 백 조각이든 천 조각이든, 위에서부터 맞추든 밑에서부터 맞추든, 빨간색부터 맞추든 파란색부터 맞추든, 그 어떤 변수에도 퍼즐의 '완성 이미지'만 있다

방송 연출 기본기 PD 지망생과 입문자를 위한 현장 지침서

면 누구든 퍼즐을 끝까지 맞춘다. '완성 이미지'란 기준이 있기 때문이다. 퍼즐의 '완성 이미지'처럼 프로그램의 '최종 이미지'도 모든 제작 과정의 기준이 된다. 이것도 없이 '1도 놓치지 말고 죄다 찍어보자. 그럼, 편집에서 어떻게든 되겠지.' 천 조각이 넘는 퍼즐을 '완성 이미지' 없이 맞춰보고 싶다면 그것도 좋다. '최종 이미지'가 없다면 이어지는 과정에서 반드시 고통받게 된다. 촬영(프로덕션)과 편집(포스트 프로덕션)에서 기획의도를 이루기 위한 억지 노력으로 피똥 싼다. 그래서 번아웃 되고, '될 대로 돼라.'가 돼버린다. 프로그램은 당연히 실패한다. '최종 이미지'란 기준을 만드는 기획(프리 프로덕션)의 시간은 그래서 가장 중요하다. 촬영과 편집의 고통을 줄이기 위해 유일하게 주어진 프리한 시간이며, 기획에서 고통받는 만큼 다른 과정의 고통이 줄어든다. 기획에서 고통받자. 촬영과 편집의 날들을 살다 보면 '아! 그래도 그때가 행복했구나!' 싶을 거다. 그렇다면 그렇게 중요한 '최종 이미지', 어떻게 그려야 할까?

기획의도를 이루기 위해 출연자에게 동기를 심어주는 장치를 마련하고, 성취하기 힘든 목표를 향해 힘든 과정들을 겪게 하며, 마침내 목표를 성취할 수 있는 기회를 제공한다.

이미 '방송 편집 기본기'에서 다뤘던 연출의 방법이다. 다 알겠는데…. PD 혼자 이걸 다 해야 하는 건가. 그래서 PD가 힘들다고 하는 건가…. 아니다. 당신은 더 이상 혼자가 아니다. 왜냐? 방송 제작은 고등학교나 대학교 조별 과제처럼 공동 작업이기 때문이다. 조별 과제에 심하게 데인 분들은 두렵고 꺼려질 수 있겠지만, 방송국 조별 과제는 다르다. 여긴 프로들만 모였다. 무임승차자 같은 빌런은 없다. 그런 사람들은 전부 나가리되기 때문이다. 그래서 이 바닥엔 거진 프로젝트에 진심인 프로들만 남아 있다. 그리고 그런 프로들과의 공동 작업에 대한 소감은 쓰지 않겠다. 아무리 묘사해도, 그게 얼마나 짜릿한지, 경험하지 않고선 모른다. 그래도 입이 근질거려 딱 하나만 말하자면, 생각이 현실이 되는 짜릿함이 있다. 오랫동안 머릿속에서만 그렸던 생각을, 혼자였다면 결코 이룰 수 없었던 그 생각을 팀원들이 기를 쓰고 현실로 만들어준다. '맙소사, 이게 되네….' 그 과정에 내가 함께 있고, 그 끝에 내가 함께 있다. 방송 제작은 그런 조별 과제다. 예를 통해 기획 과정을 살펴보자.

PD인 내게, 캠핑장을 홍보해 달라는 의뢰가 들어왔다. 원하는 것은 20~30대 고객이 늘어났으면 한다는 것. 그렇다면 기획 의도는 '청년들에게 캠핑장의 매력을 전하는 것'으로 정해졌다. 하지만 캠핑에 관심이 1도 없었기에 캠핑장의 매력이 뭔지도, 그걸 어떻게 전해야 할지도 모르겠다. 다행히 내게는 기획의도

방송 연출 기본기 PD 지망생과 입문자를 위한 현장 지침서

실현을 함께 고심해 줄 연출진과 작가진이 있다. 청년들에게 캠핑장의 매력을 전하기 위해, 출연자가 어떤 일을 하려고 대단히 노력하는데 그것을 성취하기 매우 어렵게 만들 수 있는 건 뭐가 있을까? 일단 연출진과 작가진이 분담해 캠핑에 대한 자료도 찾고, 사전답사 겸 캠핑에 대한 즐거움도 느껴보고자 다 같이 홍보할 캠핑장에서 캠핑도 해봤다. 그렇게 몇 주간 모두 머리를 쥐어짜며 막연한 생각을 구체화한 끝에 드디어 최종 이미지가 그려졌다. '아름다운 자연 속 캠핑장에서의 소개팅을 통해 청년들이 사랑을 찾는다.' 같은 20~30대 청년이 사랑을 찾으려고 노력한다면, 시청자도 감정이입이 쉬울 거야. 감정이입한 청년들이 사랑을 이루려고 대단히 노력하는데 성취하기는 매우 어렵게 만든다면, 시청자는 몰입할 거야. 그 모든 과정을 아름다운 자연 속 캠핑장에서 한다면, '캠핑장의 매력을 전한다'는 기획의도도 자연스레 이뤄질 거야. 좋았어. 그런데 어떻게? 출연자의 동기를 어떻게 표현하고 강화하지? 사랑을 어떻게 이루기 어렵게 만들지? 사랑을 이룰 기회를 어떻게 주지? 다행히 내게는 여전히 기획의도 실현을 함께 고심해 줄 연출진과 작가진이 있다. 동기를 해결하기 위해, 작가진은 아예 처음부터 사랑을 찾는 확실한 동기가 있는 출연자를 수소문했고, 그런데도 사랑을 이루는 게 매우 힘들도록 캠핑장을 활용한 장치를 모두가 기를 쓰고 생각했다. 결국 무궁화 꽃이 피었습니다, 달고나 뽑기,

딱지치기, 줄다리기, 구슬치기 게임으로 데이트 기회를 얻게 하는 매우 매우 힘든 장치 마련에 성공했다. 마지막 프러포즈 타임엔 선택받지 못한 남자는 징검다리 밑으로 추락하도록 해, 사랑을 성취하기도 매우 어렵게 만들어놨다. 훌륭해. 전체적인 그림이 한층 더 뚜렷해졌다. 혼자라면 여기까지 그리지 못했다. 우리 연출진, 작가진 만세다. 하지만 남은 문제가 있다. 당최 어떻게 찍어야 할지 모르겠다. 다행히 내게는 같이 고심해 줄 감독들이 있다. 촬영감독, 조명감독, 음향감독, 무대감독을 촬영 전, 먼저 섭외해 의견을 구한다. 촬영 준비할 물리적인 시간이 필요하니까. 이때 PD인 내 머릿속에 확실히 박혀있어야 할 건 '최종 이미지'다.

"캠핑장에서 청년들이 소개팅하는 내용인데요. 우선 캠핑장이 매력적으로 담겨야 해요. 이런저런 게임과 데이트 시간이 있는데 이 과정도 온전히 다 담겼으면 좋겠거든요. 사랑을 이루는 과정이라 표정들도, 오디오도 제대로 잡혔으면 좋겠어요. 방법이 있을까요?" 이제 모든 감독이 각자의 분야에서, 조사하고 연구해 답을 준다.

"캠핑장에 가봤는데, 촬영 인원은 10명 정도를 이런저런 장소에 배치하고, 이런저런 장소에는 거치 캠을 설치하면 과정이나 표정 모두 커버 가능할 것 같습니다.", "프러포즈할 땐 로맨틱하게 추락할 수 있도록 이런 조명은 어떠세요?", "줄다리기하다 엎어져도 마이크를 이렇게 설치하면 오디오는 놓치지 않을 것 같습니다.", "무궁화 꽃이 피었습니다 할 땐, 무대에 이런 술래 로봇 세워놓는 건 어떨까요?"

"네, 촬영 날까지 그렇게 준비 부탁드려요. 감사합니다, 그때 뵙죠." 방법을 몰랐지만 감독들 덕분에 생각을 현실로 만들 수 있게 됐다. 우리 감독님들 만세다.

이렇듯 방송이라는 조별 과제에서 연출은 사실 어려울 게 없다. 방법을 몰라도 같이 고민하고 답을 주는 스태프들이 있다. 특히 '감독'이라 불리는 사람들은 괜히 감독이라 불리는 게 아니다. 각자의 분야에서, 길게는 몇십 년간 현실화만 매진한 전문가다. 모르면 연구해서까지 최선의 답을 주는 사람들이 '감독'이다. 내 능력이 부족한 듯싶어 불안하거나, 실제로 능력이 부족하더라도 감독과 연출진과 작가진만 있으면 못 만들 게 없다. PD 지망생과 입문자들은 부담을 내려놓자. PD가 A부터 Z까지 전부 능통할 필요 없다. 모두가 프로다. PD를 도와주는 게 아니라, 당연한 자기 일이라고 여긴다. 모르면 조언을 구하자. 그런다고 아무도 무시하지 않는다. 다만, 조언을 구할 때 가장 중요한 것은 예의다. 한 직업에서 최소 십 년 이상의 경력을 가진 전문가가 발 벗고 지식과 경험을 줄 땐, 최소한의 감사는 갖자. 모두가 프로고, 이미 각자가 당연한 자기 일이라 여기고 있지만 '그게 당신의 일이잖아요. 그러려고 돈 받는 거잖아요. 그게 의무잖아요.'라고 생각하며 행동하는 쿨병 도진 젊은 분들이 많다. PD라는 감투를 쓰면 상식을 잊는 사람들도 많다. 본인의 사비를 털어서 만드는 것도 아닌데, '내가 이 조별 과제의 결정권자고, 내가 당신들을 쓰기로 결정했고, 그래서 당신들이 돈을 버는 거다.' 가랑비에 옷 젖듯 나이가 들수록 자신이 정신을 놓는지도 모르는 PD들이 심심찮게 발견되는데, PD 지망생과 입문자는 본인이 조별 과제의 빌런이 되지 않도록 늘 경계할 일이다.

3줄 요약

연출은 어려울 게 없으니 부담을 내려놓자. 능력이 부족한 듯싶어 불안하거나, 실제로 능력이 부족하더라도 같이 고민하고 답을 주는 스태프들이 있다. 다만 기획 과정을 통해 프로그램의 '최종 이미지'는 확실히 그려놔야 한다.

02

최종 이미지
촬영

기획 과정에서 단단히 준비하고 시작했지만, 촬영 현장에선 언제나 여러 가지 문제가 발생한다. 하지만 걱정 놓아도 된다. 의외로 촬영은 제작 과정 중 가장 마음 편하다. '최종 이미지'가 확실하다면 말이다. 예를 통해 촬영 과정을 살펴보자.

'캠핑장의 매력을 전한다.'는 기획의도를 이루기 위해, '아름다운 자연 속 캠핑장에서의 소개팅을 통해 청년들이 사랑을 찾는다.'는 최종 이미지를 그렸다. 이제 촬영이다. 그리고 역시나 문제가 생긴다. 하지만 난 두렵지 않다. '최종 이미지'가 확실하니까.

"PD님, 무궁화 꽃이 피었습니다 게임에서요, 술래 로봇이 작동을 안 하는데 어쩌죠?"
"캠핑장 예쁘게 나오고, 출연자들 게임만 잘 담기면 돼요. 치워 버리죠."
"PD님, 달고나 뽑기 게임을 하려는데, 갑자기 가스가 끊겼네요. 어쩌죠?"

"키친은 캠핑장의 자랑이라 꼭 보여줘야 하는데···. 버너나 인덕션을 구해보고, 없으면 일단 다음 게임을 먼저 하죠."

"PD님, 출연자 중 한 명이 구슬이 무섭다고 구슬치기 게임을 거부해요. 어쩌죠?"

"잘 됐네요! 사랑을 이루기 어려운 게 아주 딱 드러나네요. 제가 설득하러 가볼게요. 감독님, 인터뷰 촬영 좀 같이 가시죠."

촬영장에서 PD가 할 일은 하나다. 현재 상황이 '최종 이미지'라는 기준에 충족하는지 계속 지켜보며 판단하는 것. '지금, 이 상황에서 캠핑장은 제대로 담기고 있는가?', '지금, 이 상황에서 사랑을 성취하기 위한 과정은 제대로 이루어지고 있는가?' 아니라면 현재 상황은 날려버리거나, 기준에 맞는 다른 대안을 찾으면 될 일이다. 그게 끝이다. 캠핑장이 예쁘게 담기면서 사랑의 성취가 어렵도록 만들 수 있다면 어떤 대안이라도 상관없다. 하지만 촬영장은 너무 정신없고 PD도 사람인지라, 바로 대안이 안 나오거나 놓친 부분이 있을 수 있다. 괜찮다. 식사 시간이든, 하루치 촬영을 마무리한 밤이든 언제나 생각할 시간은 있고, 아시다시피 우린 혼자가 아니다. 상황을 함께 지켜보며 생각하는 연출진과 작가진이 있는 것이다.

"오늘 촬영에서 부족한 부분이 있었나요?"

"PD님, 오늘 키친에서 달고나 게임을 못했어요. 버너랑 인덕션도 못 구했습니다."

"키친은 꼭 보여줘야 하니까, 내일 1 대 1 데이트는 거기서 하는 건 어떨까요?"

"구슬이 무서운 출연자가 떨면서 구슬 치는 모습이 좀 가학적으로 느껴지긴 하더라고요."

"극복해 보겠다는 본인의 의지는 충분히 인터뷰로 땄으니까, 극복한 보람을 보여주면 상쇄가 좀 되지 않을까요? 다른 출연자들에게 구슬 트라우마에 대한 정보를 살짝 흘려서 출연자 호감도를 높여보죠."

촬영이 기획의도를 이루기 위해 달려가는지, PD인 나뿐만 아니라 모두가 두 눈 부릅뜨고 지켜보고 있다. 연출진과 작가진이 모여 그날의 촬영을 돌아보고, 부족한 부분을 찾고, 대안을 마련해 다음 날 촬영에 채워 넣는다. 이것도 물론 최종 이미지가 없거나 모두에게 공유되지 않았다면 있을 수 없는 과정이다. 뭐가 부족한 지도 알 수가 없으니까. 이뿐만 아니라 지금, 이 상황에서 무엇이 가장 중요한지도 '최종 이미지'를 기준으로 판단해서 연출한다.

"감독님, 다음 씬 장소가 캠핑장이 시원하게 다 드러나는 곳이거든요. 와이드 풀 샷 꼭 하나 잡아주세요."

"감독님, 키친 내부 그림은 많이 땄고, 1 대 1 데이트라서 출연자 표정과 반응이 중요하거든요. 풀 샷은 거치 캠으로 갈 테니까, 풀 샷 잡던 카메라로 출연자 클로즈업 좀 잡아주시겠어요?"

"감독님, 줄다리기 게임은 짝수 팀 대 홀수 팀인데요. 1번과 4번 출연자, 2번과 3번 출연자가 서로 썸 타고 있어요. 그렇죠! 서로 좋아해도 상대 팀이라 싸워야 하는 거죠. 누가 이겼냐보단 반응이 중요해서 그쪽에 카메라 한 대씩 더 붙여주시겠어요?"

PD가 촬영을 몰라도, 편집을 몰라도, 아이디어나 카리스마가 없어도, 내성적이거나 말을 잘 못해도 그건 전혀 문제 되지 않는다. 아무도 문제 삼지 않고, 아무도 무시하지 않는다. 다만, 무시당할 때가 딱 하나 있다. 기획의도를 이룰 '최종 이미지'가 PD에게 없을 때다. 촬영을 진행하거나 문제가 생길 때 모두가 PD를 바라보는 이유는 PD가 최종 결정권자라서 그런 것보다, PD만이 가장 정확한 '최종 이미지'를 그리고 있어서다. 그게 없이 "나중에 편집할 거니까, 일단 그냥 다 찍어주세요."라고 한다면, 모두가 대번에 안다. '이 사람 PD 아니구나.' 신기하게도 그 순간부터 모든 스태프의 열의가 솜사탕에 뜨거운 물 부은 마냥 녹아 없어지기 시작한다. 최종 이미지의 실현을 함께 고민하고 이뤄 나가는 것이 아닌, 그저 단순한 기술자가 필요했을 뿐이었다는 걸 깨달아서다. 촬영은 즐거운 과정이다. 김치찌개를 만들려고, 마트를 돌아다니면서 김치찌개 재료들을 주워 담는 것처럼, 촬영은 편집 과정에서 쓸 재료들을 주워 담는 과정이다. 뭘 만들어야 할지 머릿속에 들어있다면, 쇼핑처럼 즐겁고 마음 편한 과정이기도 하다. 힘에 부칠 땐 함께 할 동료들도 늘 옆에 있다. 촬영이란 조별 과제도 그게 얼마나 즐거운지 경험하지 않고선 모른다.

3줄 요약

촬영 현장에서 PD가 할 일은, 현재 상황이 프로그램의 '최종 이미지'라는 기준에 충족하는지 지켜보며 판단하는 것이다. 모든 연출과 문제도 '최종 이미지'를 기준으로 판단하고 해결한다. 그래서 PD는 반드시 '최종 이미지'를 머릿속에 박아놔야 한다.

라포
출연자

　방송 촬영이란 것이 대부분 사람을 찍는다. 그래서 출연자가 생기고, 그들의 행동이 기획의도를 이루는 방향으로 흘러가야 영상의 목적이 달성된다. 하지만 기획의도를 파악하고 찰떡같이 행동하는 프로 방송인이 아닌 이상, 대부분의 출연자는 일반인이다. 일반인에게 처음부터 자연스럽고 진정성 있는 행동을 기대하는 건 욕심이다. 출연자든 제작진이든 서로 알게 된 지 얼마 안 됐거나 촬영 날 처음 보는 경우도 꽤 많아서, 모두가 얼어있는 것이다. 이를 녹이는 게 친밀감, 바로 '라포'다. 출연자와 제작진 간 라포가 쌓여 만들어진 영상은 격이 다르다. 그렇다고 회식 잔치를 벌이거나 즐거운 시간을 보내며 함께 어울리란 말이 아니다. 앞서 다뤘던 '캠핑장 프로그램'을 통해 라포 쌓는 법을 살펴보자.

PD ： "게임에서 이기면 데이트 기회를 얻을 수 있지만, 사실 그것만 위해서 만든 건 아니거든요. 딱지치기 게임에서 혹시라도 좋아하는 분에게 필살 딱지 하나 접어주시면 기회가 생기지 않겠어요? 바로 뒤에 줄다리기 게임도 있는데, 딱지 접었던 종이 챙겨서 손 다치

지 말라고 종이 장갑이라도 만들어서 주시면 기회가 생기지 않겠어
요? 저희가 괜히 딱지치기 다음에 줄다리기해 놓은 게 아니거든요."

출연자 : "오~ 기회를 만들어서! 이제 제가 뭘 해야 할지 알겠습니다. 길이
보이네요."

'라포'의 사전적 의미는 사람과 사람 사이에 생기는 '상호 신
뢰 관계'다. 예로부터 상호 신뢰 관계를 쌓는 가장 좋은 방법은
'정보'를 주는 것이다. 일급비밀이나 힌트를 몰래 출연자에게 넘
기라는 말이 아니다. '내가 지금 하거나 할 것은 뭔지?', '그건 어
떤 목적으로 만들어졌는지?', '전체에서 어떤 부분인지?' 그저
출연자 본인이 현재 참여할 장면의 의미를, 다 설명할 필요도
없이 줄 수 있을 만큼만 줘도, 어딘지도 모르는 전쟁터에 홀로
떨어진 출연자는 긴장이 풀리고, 제작진을 아군으로 여기게 된
다. 신뢰가 쌓이는 것이다. 신뢰가 쌓이고, 긴장도 풀리고, 가야
할 길도 알았으니, 출연자도 스스로 머리를 써 기획의도를 이룰
다양한 행동을 하게 된다. 시켜서 하는 행동과 스스로 하는 행
동은, 특히 일반인의 경우 확실한 차이가 난다. 이 방법은 인터
뷰할 때도 적용되는데 "이 질문은 이런 이유로 드리는데요."라
는 시작이 출연자의 마음을 열리게 만든다. 인터뷰는 자주 접하
는 촬영이기 때문에 좀 더 알아보도록 하자.

인터뷰는 은근히 출연자가 긴장을 많이 하는 촬영이다. 편하

게 앉아서 말만 하면 되는 거 아닌가 싶겠지만, 잘 알지도 못하는 사람 최소 2명과 카메라, 조명 같은 장비들에 둘러싸여 내 얘기를 털어놓아야 하는 것이다. 그 와중에 PD란 작자는 인터뷰 질문지만 뒤적거리며 질문을 해대고, 내가 얘기하면 어떤 땐 좋아하고 어떤 땐 '이게 아닌데.'란 썩은 표정을 짓는다. 흡사 내 대답을 실시간으로 채점 당하는 것 같다. 이렇게 부담스러운 자리가 인터뷰 자리다. 그래서 인터뷰 촬영의 키는 부담을 없애주는 것이다. 용기를 준답시고 "부담 느끼지 마시고, 자연스럽게 하세요."라는 말은 안 하느니만 못하다. 그런 말로 부담이 사라진다면, 세상 사람 모두 달변가가 됐겠지. 부담을 녹여주는 가장 좋은 방법은 간단하다. 출연자가 말할 때 딴짓 말고 출연자를 보자. '이 사람이 지금 내 말에 집중하고 있구나.' 그렇게 느끼면 출연자는 일이 아닌 대화로 여기기 시작한다. PD와의 1대 1 관계가 형성돼, 주변의 산만한 환경은 덜 신경 쓰이게 된다. 겨우 이렇게 됐는데, 출연자가 말하는 도중 '안 한 질문은 몇 개나 남았지? 다음 질문은 뭘 할까?' 하며 인터뷰 질문지를 뒤적이는 우를 범하지 말길 바란다. '이 대답이 아닌데. 못 쓰겠네.'라며 표정 관리 못하는 우도 범하지 말길 바란다. 출연자는 이게 일이란 걸 퍼뜩 깨닫고 다시 마음의 문을 닫는다. 그래서 PD는 인터뷰 전, 기획의도를 이루기 위해 꼭 해야 할 질문은 어느 정도 숙지하고 촬영에 들어가야 한다. 인터뷰 질문지에 있는 질문을 다 외우고 들어가란 말이 아니다. 그럴 필요가 없다. '최종 이미지'는 이미 머릿속에 있기 때문에, 출연자와 대화하다 보면 어떤 내용이 부족한지 들리기 때문이다. 부족한 걸 물으며 주거니 받거니 대화하다 보면 더 이상 물어볼 게 떠오르지 않는데, 그때 인터뷰 질문지를 보면 이미 하려던 질문은 다했다. 더 많이 질문한 경우도 많다. 허나 도무지 이럴 수가 없다면, 최소한 인터뷰 질문지는 출연자의 대답이 끝났을 때만 보자. 그게 예의기도 하다. 또, 예를 들어보겠다.

PD : "죄송합니다. 너무 힘드시면 구슬치기는 안 하셔도 돼요."

출연자 : "아닙니다. 제가 먼저 말씀드렸어야 했는데."

PD : "저도 사실 딱지 공포증이 있거든요. 어렸을 때 딱지로 맞아서요. 제가 궁금해서 여쭤보는 건데 님도 어떤 계기가 있었나요?"

출연자 : *"저는 제대하고 구슬을 밟았는데 너무 아팠어요. 그래서…."*

PD : "구슬을 밟았는데 아파서 많이 놀랐죠? 개인적인 생각인데 그래도 이겨내고 구슬치기를 하신다면, 좋아하시는 분께도 님의 진심이 전달될 텐데요. 저희가 또 트라우마 이겨내신 걸 아름답게 그리지 않을 수가 없거든요."

출연자 : *"그런가요…. 힘들긴 한데…. 그래도 그분을 위해 해보겠습니다."*

질문할 때, PD 개인의 정보나 생각을 전달하는 것이 인터뷰에 도움 될 때가 있다. 특히 대답을 주저하는 질문에 그렇다.

PD의 말은 출연자보다 길어도 좋고, 그럴수록 출연자는 PD와 대화하고 있다는 느낌에 빠진다. 그럼 짧더라도 진심인 말이 나온다. 우린 그걸 잘라 쓰면 된다. "저는 제대하고 구슬을 밟았는데 너무 아팠어요. 그래도 그분을 위해 해보겠습니다." 됐다. 인터뷰 성공이다. 행동이든 말이든 진심인 게 중요하다. 그저 잘라 쓰면 될 뿐이다. 하지만 현장에는 인터뷰든 일반 촬영이든, 원하는 대답과 행동이 나오지 않아서 출연자에게 본인이 생각한 대답과 행동을 요구하는 성질 급한 PD가 꽤 있다. "이런 멘트 좀 쳐주세요. 여기선 이런 리액션 좀 부탁해요." 문제는 뭐냐? 이런 요구를 '촬영 연출'이라고 여기고, 뻔뻔하게 요구를 잘해서 촬영을 빨리 끝내버리는 걸 '촬영 연출을 잘하는 것'이라고 생각한다는 것이다. 그렇게 편집할 재료를 모두 모아 일단 영상은 만들어진다 쳐도, 그 영상은 파오차이로 만든 김치찌개마냥 맛이 없다. 진짜 같지 않아서다. 이게 사기인지 아닌지 시청자는 대번에 안다. 쉽게 쉽게 빨리빨리 끝내는 건 일이 하기 싫은 거지 잘하는 게 아니다. 출연자가 진심으로 행동하고 말하도록 유도해, 제대로 된 편집 재료를 준비하는 것이 '촬영 연출'이다. 그 촬영 연출을 원활하게 하는 것이 '라포'이고, 잠깐이나마 함께하는 출연자에 대한 기본적인 예의기도 하다.

방송 연출 기본기 PD 지망생과 입문자를 위한 현장 지침서

출연자와 제작진 간 '라포'가 쌓여 촬영된 영상은 격이 다르다. 진심이 담겨 있기 때문이다. 그럼 라포는 어떻게 쌓는가? 사람에 대한 기본적인 예의를 지키면 된다. 그건 유치원과 초등학교 때 이미 다 배웠다.

레퍼런스
후반작업

촬영과 가편으로 불리는 가편집(1차·2차 편집)이 끝났다면 흔히 종편으로 불리는 종합편집(마스터링)이 남아있다. 종합편집은 색 작업, CG, 자막 작업을 포함해 방송 가능한 완성본(마스터)을 만드는 과정이다. "CG 작업이라면 포토샵도, 애프터 이펙트도 할 줄 알아야 하나요?" 아니, 전혀 아니다. PD는 혼자가 아니다. 종합편집실엔 색 작업 감독, CG 감독, 자막 감독 다 있고, 그분들이 다 한다. PD가 할 일은 감독들에게 작업 의뢰를 하고, 그 작업이 잘 되고 있는지 진행 상황을 체크하는 것뿐이다. 다만 끝날 때까지 끝난 게 아니라, 이렇게 저렇게 원한다는 '의뢰'는 확실히 해야 한다. 작업 중 옆에 붙어 앉아 계속 설명은 하겠지만, 내가 원하는 그 영롱한 색, 그 엘레강스한 모션, 그 포스트모던한 자막은 나도 표현을 못 하고, 감독도 이해를 못 할 때가 많다. 그럴 때 가장 직빵인 게 '레퍼런스'다. 원하는 것과 비슷한 영상, 없다면 사진이라도 찾자. 그럼, 융통성 없이 '완전 비슷한 걸 찾고 말리라!'며 몇 시간이고 유튜브를 뒤지는 사람들이 많은데, 제발 전혀 그럴 필요 없다. 영상 중 조금이라도 비슷한 부분이 있으면 된다. 그런 영상들을 보이는 대로 모아서 나중에 설명하면 된다. "이 레퍼런스에선 모션이 위로 움직이고, 저 레퍼런스에선 아래로 움직이잖아요? 이 모션이 합쳐졌으면 좋겠어요. 위아래로 동시에 움직이게요." 그럼, 못 알아듣는 감독들은 없다. 그리고 의견을 낸다. "PD님, 위아래도 좋은데 대각선 위아래가 더 낫지 않아요?" 이거다. PD와 감독의 생각을 빠르게 일치시켜 아이디어 발전을 쉽게 하는 것. 이게 레퍼런스의 진정한 강점이다. 그러니 말로 설명할 생각 말고 피곤해도 찾는 습관을 들이자. 없으면 그림이라도 그리자. 천 마디 말보다는 사진 한 장이 나으니까. 이런 강점 때문에 레퍼런스는 제작 전 과정에서 유용하게 쓰인다. 촬영 구도, 카메라 워킹, 조명 레이아웃, 무대디자인 등등. 각 감독들에게 원하는 연출의 레퍼런스를 보여줘서 아이디어 발전을 쉽게 하는 것이다. 유튜브에 있는 수많은 레퍼런스 덕분에 검색만 잘하면 말 못 하는 사람도 PD 하기 쉬워졌다. 유튜브 만세다.

3줄 요약

레퍼런스는 소통 미스를 줄이고, PD와 스태프의 생각을 빠르게 일치시켜 아이디어 발전을 쉽게 한다.

스태프
진로

프로그램이 끝날 즘 수많은 스태프의 이름이 실린 엔딩 스크롤이 흘러간다. 너무 빠르게 지나가 당최 알아볼 수 없을 때도 많지만, 연출 일을 하게 된다면 일시 정지를 하면서까지 꽤 유심히 보는 버릇이 생긴다. '엄청 잘 찍었네! 조명 죽이네! 무대 엄청난데! CG 보소! 누구지? 누가 했지?' 인상적인 장면을 보면 '어떻게' 했는지도 궁금하지만 '누가' 했는지 더 궁금해지는 것이다. 왜냐? 같이 일하고 싶으니까. 앞서 PD는 '어떻게' 하는 줄은 몰라도 된다고 했었다. 방법을 아는 감독과 함께 일하면 되니까. 엔딩 스크롤을 보고 스태프 또는 팀의 이름을 기억해 인터넷을 검색하면 다 나온다. 연락해서 말하면 된다. "같이 일하고 싶습니다." PD는 이런 식이든, 전부터 같이 일했든, 소개를 받았든, 같은 회사 소속이든, 제작 스태프를 꾸려 모두와 함께 일한다. 대부분의 스태프는 PD와 1 대 1 관계지만, PD는 스태프와 1 대 다(多) 관계가 되는 것이다. 이런 이유로 연출부는 다른 스태프와 달리 모든 스태프와 소통하게 된다. 그리고 세계가 넓어진다.

나는 PD가 정확히 뭘 하는지 몰랐다. 고등학교 때부터 그저 영상을 만들고 싶었다. 아는 건 PD가 영상 만드는 일을 하는 직업이라는 것뿐. 뭣도 모르고 신문방송학과에 진학했고, 뭣도 모르고 방송국 연출부에 들어갔다. 그리고 아주 잘 알게 됐다. 영상을 만드는 직업이 PD만 있는 게 아니란걸. 아직 뭐가 뭔지 모르겠지만, 나처럼 영상을 만들고 싶거나 영상에 관련된 일을 하고 싶은 사람들이 있다면 방송 프로그램 연출부를 추천한다. 방송작가, 촬영감독, 조명감독, 음악감독, 음향감독, 무대감독, 종편 감독, 자막 감독, 모션 그래퍼, 홍보마케터 등등등. 영상에 관련된 대부분의 직업인을 대면하게 되고, 3개월 이상 일해보면 내 흥미와 적성, 소질을 알게 된다. '나 촬영 좋아하네. 조명을 알고 싶다. 난 촬영, 편집보단 CG 파구나!' 이런 건 직접 해보지 않으면 깨닫지 못하는 것이다. 깨닫게 되면 현직 스태프들에게 직접 조언을 구할 수 있다. PD든 조연출이든, 연출부가 스태프와 이야기하는 건 전혀 이상한 일이 아니니까. 그래도 커피든 밥이든 사는 게 예의다. 그렇게 상담을 신청하면 10년 이상 현업을 뛰는 전문가가 1 대 1로 고퀄의 조언을 던져대는데, 참 귀하다. 원래 돈 내고 들어야 할 만큼 귀한데 또 공짜다. 왜냐? 같이 구르는 전우니까. 연출부는 모든 스태프와 전우조가 된다. 게다가 특전이 하나 있는데, 스카우트 되는 것이다. 조언을 구했는데 스카우트 제의가 들어온다. "너 그럼 우리 촬영팀 들어올래?" 그렇게 조연출이었다가 촬영감독이 된 후배가 있고, 나도 그런 제안을 받은 적 있다. 많은 스태프와 일하다 보면 많은 기회가 생긴다. 왜냐? 같이 구르면서 성실함이 인증됐으니까. 같은 신입이라도 이력서 받고 뽑아서 지켜보는 것보다, 이미 인증된 사람과 일하고 싶은 게 당연한 이치다. 내가 꼭 영상과 관련된 일을 하고 싶은데 그게 뭔지 모르겠다? 딱 3개월에서 1년만 대학교 자유전공처럼 방송 프로그램 연출부를 해보자. A부터 Z까지 영상 제작의 모든 것을 맛보기로 경험해 보는 거다. 그다음 전공을 선택하면 되는 거다. 그 시간 길게 느껴질 수 있지만, 자신의 흥미, 적성, 소질만 깨달아도 무조건 남는 장사다. 내가 뭘 좋아하는지 모르고 평생을 사는 사람도 많다.

3줄 요약

방송 프로그램 연출부는 영상과 관련된 다양한 직업의 스태프와 소통하며 제작 전 과정에 참여한다. 그래서 자신의 흥미, 적성, 소질을 깨닫고 진로를 정함에 큰 이점이 있다.

에필로그

행운을 빌어요

이 일은 힘들지 않다. 'PD는 고된 직업'이라는 게 정설인데 뭔소리냐 하겠지만, 그것이 내가 내린 결론이다. 드라마 생방 촬영처럼 시스템의 문제가 아닌 이상, PD란 직업은 힘들지 않다. 더 정확하게는, 힘들지 않기로 결심한다면 충분히 일반 직장인처럼 정상적인 생활이 가능한 직업이란 얘기다. 허나 그런 결심을 하는 PD는 별로 없다. PD는 고생을 사서 한다. 일이 많고 밤새우는 건 대부분 PD 본인의 선택 때문이다. '당신이 머리 아픈 건 남보다 더 열정적이기 때문입니다.'라는 광고 카피랑 같은 이유다. 시키지도 않았는데 밤새우는 PD들은 이상하게 열정적이다. 더 괜찮은 장면 없나 밤새 촬영본을 보고 또 보고, 컷들을 이리 바꿨다 저리 바꿨다 한다. 기획의도와 상관없는 부분은 안 봐도 되고, 날려도 된다고 책에서 아무리 부르짖어도, 그래서 그 사실을 알고 있어도 '혹시 내가 놓쳤을 수도…'라며 봤던 촬영본을 아침 해가 뜰 때까지 뒤지고 또 뒤진다. 대체 왜 이러는 걸까? 이놈의 업무가 '창작'이라서다. 정답도 없고 끝도 없다. '창작'에 관해 권지용이 남긴 말이 있다. '완벽을 추구하면 완성이 안 된다. 완성이 되려면 적어도 내 기준에 완벽하다고 생각이 돼야 완성이 된다.' 이런 이유로 PD들은 밤샘을 자초한다. 완벽을 추구하는 PD는 편집을 못 끝내고, 편집을 끝내려면 적어도 PD 본인의 기준에 차야 하는데 그 기준도 높다. 왜냐? 그래도 다들 누군가에게 보여줄 뭔가를 만들기 위해 PD가 되려고 작정한 사람들이니까. 이해한다. 내가 그랬다. 그래서 애틋하다. 이 책이 그런 PD들에게 도움이 됐으면 좋겠다. 이 책을 보더라도 다들 스스로 밤샘을 선택할 테지만, 아무도 없는 편집실에서 홀로 촬영본과 씨름하고 있을 때, 뭘 어떻게 해야 할지 답답하고 막막할 때, 늦은 새벽이라 그 누구에게도 물어볼 수 없을 때, 그럴 때 당신 곁에 이 책이 있었으면 좋겠다. 얼굴은 모르지만, 연출을 물을 수 있는 오래된 선배가 당신 곁에 있어, 홀로 맞는 아침도 외롭지 않았으면 좋겠다.

일을 하면 할수록, 사람마다 생각하는 '기본'이 다르다는 걸 느낀다. 이 책이 이야기하는 기본도 순전히 나의 기준이다. 입봉해서 영상을 책임지는 PD라면 여기까지가 연출의 기본 아닐까 여겼던 나의 기준을 정리해 봤다. 연출엔 정답이 없기에 반박 시 당신 말이 맞지만 한 가지 소망이 있다면, 재야의 많은 PD들이 본인이 고민했던 연출에 대한 결론을 책으로 써줬으면 좋겠다. 이런 책들이 많아져야 PD 지망생과 입문자가, 지난날의 나처럼 몇 시간 동안 서점을 뒤지는 일이 줄어들 테니 말

방송 연출 기본기 PD 지망생과 입문자를 위한 현장 지침서

이다. 선택의 폭이 넓어져야 생각의 폭도 넓어지는 것이라 믿는다. 조금씩 그 선택의 폭을 넓혀가는 게 연출이란 길을 먼저 걸었던 선배들의 도리라고도 믿는다. 마지막으로, 이렇게 책 한 권 털고 나니 감상에 빠져봐야겠다. 그래도 되겠지. 촬영장에서 편집실에서 홀로 지샜던 수많은 청춘의 밤, 괴롭기도 외롭기도 했지만 이젠 그립다. 몽롱한 정신으로 봤던 아침 해도, 쭈그려 잠을 청했던 편집실 작고 낡은 소파도, 동료들과 함께 웃고 떠들며 먹었던 한밤중의 컵라면도, 인터뷰 하나 따려고 카메라와 핫팩을 손에 쥐고 발을 동동거렸던 한겨울의 촬영장까지도 모두 그립다. 뭔가를 만든다는 거에 미쳐, 가진 모든 걸 쏟아내고, 짜내고, 탈진했던 그때라 그립다. 다행이다. 내 청춘이 그렇게 농밀한 창작의 시간들로 채워져서. 그렇게 반짝이며 먹고살 수 있었던 것도 감사하다. 방송 PD란 직업을 가진 건 행운이었다. 표현할 방법이 없는데, PD 지망생과 입문자 여러분도 그런 행운을 느껴보시길 빕니다. 읽어주신 그대들께 감사드리며, 지금까지 『방송 연출 기본기』였습니다. 행복하세요.

Thanks to
감사의 말

『시나리오 가이드』(D.하워드·E.마블리, 심산 옮김, 한겨레출판, 1999), 『스토리텔링의 비밀』(마이클 티어노, 김윤철 옮김, 아우라, 2008), 『커팅 리듬, 영화 편집의 비밀』(캐런 펄먼, 김진희 옮김, 커뮤니케이션북스, 2014). 그동안 제 머릿속에 떠다녔던 파편화된 지식들을 정리하는데 가장 큰 도움이 됐던 책들입니다. 덕분에 영상 제작을 해오며 얻게 된 것들이 체계가 잡혀, 비로소 한 권의 책이 될 수 있었습니다. 영상인들을 위해 흔쾌히 인용을 허락해 주신 한겨레출판, 커뮤니케이션북스, 아우라, 북스코프와 심산 님, 김윤철 님, 『영화 편집』의 저자이신 김진희 님께도 진심으로 감사드립니다.

To. _____

방송 연출 기본기
PD 지망생과 입문자를 위한 현장 지침서

초판 1쇄 발행 2025년 2월 14일

지은이 정영택
펴낸곳 다이브캐스트
출판등록 제2024-0000-22호
메일 divecast.book@gmail.com

ISBN 979-11-990639-0-7(03680)
값 17,600원

204p Illustration: Freepik.com